Es war einmal ein kurantes anim...

Zum Herausgeber:

Dr. Klaus Siewert, 1954 in Minden/Westf. geboren. Studium der Germanistik, Geschichte, Philosophie und Pädagogik an der Universität Münster. 1979 Staatsexamen für das Lehramt an Gymnasien. Ab 1980 Mitarbeit an einem Forschungsprojekt bei der Akademie der Wissenschaften in Göttingen. Promotion zum Dr. phil. (1984). Seit 1985 Lehrbeauftragter für Deutsche Sprache und Deutsche Literatur des Mittelalters an der Universität Münster. 1988 Gründung und Leitung der 'Projektgruppe Masematte'. Ab 1990 Vorsitzender der Gesellschaft für deutsche Sprache - Zweig Münster.

Werk: *Die althochdeutsche Horazglossierung*, Göttingen 1986. *Glossenfunde. Volkssprachiges zu lateinischen Autoren der Antike und des Mittelalters*, Göttingen 1989. - Weitere Veröffentlichungen in wissenschaftlichen Zeitschriften und Sammelwerken, darunter: *Masematte. Zur Situation einer regionalen Sondersprache*, in: Zeitschrift für Dialektologie und Linguistik 58(1991), S. 44-56. *Rezension zu: Karl Kassenbrock, Emmes, seeger*, in: Zeitschrift für Dialektologie und Linguistik 58(1991), S. 121-122.

Es war einmal ein kurantes anim ...

Textbuch Masematte

Herausgegeben von Klaus Siewert

in Verbindung mit Christian Frieling und Werner Neuhaus sowie den
Mitgliedern der Projektgruppe Masematte Silke Becker, Mirka Dickel,
Ingrid Faber, Frauke Plate, Christina Salmen, Britta Walkenfort.

Mit einem Beitrag von Hartwig Franke.

Waxmann
Münster / New York / München / Berlin

Bibliografische Informationen der Deutschen Nationalbibliothek
Die Deutsche Nationalbibliothek verzeichnet diese Publikation in der
Deutschen Nationalbibliografie; detaillierte bibliografische Daten sind im
Internet über http://dnb.d-nb.de abrufbar

3. durchges. u. korr. Auflage 1993
ISBN 3-89325-067-0

© Waxmann Verlag GmbH, 1990
Postfach 8603, 48046 Münster

www.waxmann.com
info@waxmann.com

Umschlaggestaltung: Ursula Stern, Münster
Umschlagabbildung: Bruno Bücker, Münster
Satz: druckreif, Münster
Druck: Hubert & Co., Göttingen
Gedruckt auf alterungsbeständigem Papier, säurefrei gemäß ISO 9706

Münster
und seinen alten Masematte-Sprechern
zu eigen

VORWORT

Das hier vorgelegte Buch ist eine Sammlung von Texten in Münsterscher Masematte. Es ist vor dem Hintergrund der in letzter Zeit wiederbelebten wissenschaftlichen Erforschung der Masematte (Klaus Siewert, Masematte. Zur Situation einer
regionalen Sondersprache, in: Zeitschrift für Dialektologie und Linguistik 58, 1991)
entstanden. Die Texte stammen aus dem Archiv schriftlicher Masematte-Quellen,
das von der 'Projektgruppe Masematte' aufgebaut worden ist.

Das Textbuch will der den Sondersprachen zunehmend entgegengebrachten Auf-
merksamkeit der Sprachwissenschaft Rechnung tragen. Ihr steht mit dem Textbuch
und dem Archiv der schriftlichen Quellen nunmehr die Quellengrundlage schriftlich
überlieferter Masematte zur Verfügung. Zugleich möchte das Textbuch dem Interesse der Münsterschen Bevölkerung an diesem Heimatidiom entgegenkommen.

Heute kann der Zugang zur Masematte am ehesten durch eine solche Sammlung
von Texten hergestellt werden, da die 'echte' Masemattezeit mit der Zerstörung der
Sprechergemeinschaften zu Ende des Zweiten Weltkriegs und dem Verlust ihrer
besonderen sozialhistorischen Gebundenheit längst und unwiederbringlich vergangen ist. Spuren in der Umgangssprache (zum Beispiel *jovel, schovel, leetze, heiermann, kaline*) und verborgene Gesprächsnischen letzter echter Sprecher sind noch
geblieben. Diesen wenigen noch lebenden alten Sprechern der Masematte ist dieses
Buch gewidmet.

Das Textbuch ist folgendermaßen aufgebaut: Als Einleitung wird eine allgemein-
verständliche, wissenschaftlich gleichwohl fundierte Einführung in die Masematte
gegeben. Im besonderen soll sie die Einordnung der Masematte in ihr sprachliches
und soziokulturelles Umfeld erleichtern helfen. Dem dient auch ein als Dokument
beigegebenes Interview mit alten Masematte-Sprechern. Im Zentrum stehen die
Texte selbst. Sie sind nach Textsorten geordnet, mit einer Übersetzung versehen und
im einzelnen genau dokumentiert. Am Schluß des Buches ist Literatur zur Masematte angegeben.

An dieser Stelle ist all denen zu danken, die das Zustandekommen des Textbuches
auf die eine oder andere Weise gefördert haben: den Originalsprechern, die eigene
Texte beitrugen und die Texte kritisch begutachteten, in erster Linie Werner
Neuhaus; anderen, die auf Texte hinwiesen oder sie zur Verfügung stellten, darunter

die Masematte-Dichterin Hanna Schön; der örtlichen Presse, die bei der Suche nach unbekannten Texten half, namentlich Wolfgang Schemann, der auch als Autor von Masematte-Texten und Presseberichten über Masematte in Erscheinung tritt; dem Westdeutschen Rundfunk sowie dem Fernsehsender Tele 5, mit deren Hilfe weitere Verbindungen hergestellt werden konnten.

Aus einem Vortrag des Herausgebers vor Studenten des Instituts für Allgemeine Sprachwissenschaft der Universität Münster erwuchsen weitere Anregungen, für fruchtbare Auseinandersetzungen in der Sache ist Hartwig Franke zu danken. Christian Frieling und die studentischen Mitglieder der Projektgruppe Masematte, Silke Becker, Mirka Dickel, Ingrid Faber, Frauke Plate, Christina Salmen, Britta Walkenfort, wirkten bei der Herstellung der Übersetzungen und verschiedenen Korrekturgängen mit, anfänglich halfen dabei auch Michaela Hövelmann, Angela Joerißen und Walburga Westbrock. Hartwig Franke schrieb den Einleitungsabschnitt zur Etymologie des Wortes Masematte. Sonst gehen sämtliche freien Texte und Verzeichnisse (Einleitung, Gespräch, Vorbemerkung zur Edition und Übersetzung der Texte, Quellenverzeichnis, Bibliographie) sowie Idee, Konzeption und Durchführung des Ganzen auf den Herausgeber (Leiter der Projektgruppe) zurück.

Für die finanzielle Förderung des Buches ist der Stadt Münster (Stadtarchiv), dem Landschaftsverband Westfalen-Lippe sowie der Firma Armstrong World Industries zu danken.

Klaus Siewert   Münster im Oktober 1990

VORWORT ZUR 3. AUFLAGE

Seit dem Erscheinen der 1. Auflage des Textbuches 1990 ist die Dokumentation und Erforschung der Masematte zügig fortgeführt worden. Ein Textbuch II (1992) und ein Handwörterbuch der Masematte (1993) sind erschienen. Die jetzt vorgelegte 3. Auflage des Textbuches I ist wegen des anhaltenden Interesses an diesem Buch notwendig geworden. Dabei ist das Buch erneut durchgesehen und um einige Angaben ergänzt und verbessert worden.

Klaus Siewert   Münster im April 1993

INHALT

I. EINLEITUNG

Soziale und historische Hintergründe

Als 'Masematte' wird diejenige Sprache bezeichnet, die in Münster/Westf. und der näheren Umgebung von Münster neben dem Hochdeutschen und dem Westfälischen (Platt) als Sondersprache sozial schwächerer Schichten der Bevölkerung lange Zeit Bestand hatte. Entstanden ist sie im 19. Jahrhundert. Direkte Erwähnungen reichen in die siebziger Jahre des Jahrhunderts zurück, doch wird es Masematte schon früher gegeben haben, wie unter anderem die sogenannten 'Stromergespräche' des im Jahre 1843 verhafteten Vagabunden Ferdinand Baumhauer nahelegen (SIEWERT, Masematte, 1991).

Grundlegende Bedingung für die Entstehung der Masematte sind die Kontakte der einheimischen Bevölkerung mit fahrenden Händlern und Handwerkern, Hausierern, Schaustellern, Fremdarbeitern. Das sind oftmals westfälische Juden sowie Sinti und Roma (Zigeuner) gewesen. Deren Sprachen, das Jüdisch-Deutsche beziehungsweise das Sintes/Romanes, sollten der Masematte das sprachlich charakteristische Gepräge geben. Kontakte mit Fremdarbeitern, zum Beispiel beim Bau des Dortmund-Ems-Kanals (in den 90er Jahren des 19. Jahrhunderts) oder bei Anlage des Aasees (1934 beendet), bringen daneben anderen Spracheinfluß zur Geltung.

Lebendig war die Masematte zunächst vor allem in vier Vierteln der Stadt Münster: im Kuhviertel (rund um die Jüdefelderstraße, Tasche, Brink und Ribbergasse), im Gebiet um die Sonnenstraße, im Herz-Jesu-Viertel ('Muffi') und in Pluggendorf (zu diesem Komplex ausführlich STRUNGE/KASSENBROCK, 1980, 5-43). In diesen Stadtvierteln war der Anteil der Arbeiter sehr hoch (im Durchschnitt etwa 70 %), insbesondere der der gering geschätzten Berufe. Typische Berufe der innerstädtischen Masematteviertel waren beispielsweise: Scherenschleifer, Kesselflicker, Korbmacher, Abdecker, Altwarenhändler, Bürstenmacher, Totengräber, Schuster, Altläppler, Tanzmeister, Zigarrenmacher, Drahtweber, Höker, Stuhlmacher, Viehhändler und Schausteller sowie Kurzwarenhändler und weiteres Kleinhändlertum. Mobilität war ein charakteristisches Merkmal, als ambulanter Gewerbetreibender, Händler oder Hausierer war man unterwegs. Die am damaligen Stadtrand liegenden Masematteviertel Muffi und Pluggendorf würden hinsichtlich

1

ihrer Berufsstruktur stark durch holländische, italienische und polnische Fremdarbeiter geprägt, die überwiegend als Bau(hilfs)arbeiter tätig waren. Der Sozialstatus lag entsprechend niedrig, die Wohnverhältnisse waren überwiegend schlecht. Die Grenze zu Gewalt und Kriminalität war schnell erreicht, ein Spruch der Zeit ist hier beredtes Zeugnis: "Tasche, Brink und Ribbergasse - Messerstecher erster Klasse". Andere von der städtischen Gesellschaft beargwöhnte Geschehen hatten in den Masemattevierteln ihren Ort: das Bordell in der Sonnenstraße / Ecke Corduanenstraße (rotwelsch *sonne* 'Prostituierte'), Hausiererhandel, Bettlertum und so weiter. Masematte ist die Sprache der Straße, ihrer bediente man sich vornehmlich bei allerlei Geschäften, die vom Pferdehandel mit Zigeunern bis hin zum Straßenklüngel mit jüdischen Kleinhändlern reichten. Marktgeschehen und Masematte waren eng miteinander verflochten. Das betraf beispielsweise den alten sogenannten "Kalkmarkt" Nähe Neutor, bis zu seiner Verlegung in die Münsterlandhalle im Jahre 1922 Umschlagplatz für (Schlacht-)Vieh, den Gemüsemarkt am Katthagen sowie den bis 1916 auf dem Domplatz und Aegidiiplatz abgehaltenen Synodenmarkt, den späterhin auf dem Hindenburgplatz stattfindenden 'Send', aber auch zahlloses nicht-institutionalisiertes Handelsgeschehen, zum Beispiel den Pferdeverkauf entlang der Wolbecker Straße oder auch Geschäfte und Kungeleien beim 'Ausspann' (Ecke Jüdefelderstraße/Münzstraße) und in den zahlreichen Gasthöfen, Herbergen und inoffiziellen Schankstätten.

Mit dem Ende des Zweiten Weltkriegs wird der Masematte die grundlegende Bedingung ihrer bisherigen Existenz entzogen: Durch die Ausbombung der Sprecherviertel und die Vernichtung beziehungsweise Verschleppung bestimmter Sprecherkreise (Juden, Sinti und Roma) wird die Sprechergemeinschaft weitgehend zerstört. Dort, wo - wie in Muffi - Reste der alten Viertel bestehen bleiben, sind Gesprächsnischen einiger letzter alter Sprecher bis auf den heutigen Tag erhalten (dazu Siewert, Masematte, 1991). Nach dem Krieg hatte die Masematte dann noch für einige Zeit ein recht vitales Nachleben bei den Bauhandwerkern (zur sogenannten Speismakeimersprache: Dege, 1962). Von der ursprünglichen Masematte und ihren resthaften Überbleibseln unter alten Sprechern sind die heutige Theken- und Jugendmasematte sowie sprachkonservatorische Wiederbelebungsversuche im Rahmen von Masematte-Vereinen streng zu trennen, hier liegen andere sozialhistorische, funktionale und sprachliche Bedingungen vor (dazu Siewert, Masematte, 1991).

Sprachliche Aspekte

Die Bezeichnung 'Masematte' geht etymologisch auf hebräisch מַשָּׂא-וּמַתָּן [masa'umatán] 'Verhandlung' zurück. Im Hebräischen liegt eine binomische Wendung vor, deren Bedeutung nur in dieser Zusammensetzung 'Verhandlung, Geschäft' ist. Die Simplicia bedeuten מַשָּׂא 'Last', וּ 'und' sowie מַתָּן 'Gabe, Geschenk'. Die bei STRUNGE/KASSENBROCK (1980, 48) zugrundegelegte Aussprache [maso u mat(t)an] ist in sich inkonsequent. Sie geht von der liturgisch üblichen Aussprache des Kamats als [o] aus, die in den Endsilben der aschkenasischen Umgangssprache weder bei der Artikulation germanischstämmiger Wörter noch bei der hebräischer Lemmata je verwendet worden ist; vielmehr schwächen alle Varietäten des Jiddischen und des Jüdisch-Deutschen jeden Vokal im Auslaut zu Schwa ab. Diese Abschwächung ist Folge einer Verlagerung des hebräischen Endsilbenakzents auf den germanischen Stammsilbenakzent. Das וּ in der Kompositionsfuge geht bereits im Jüdisch-Deutschen verloren, wird jedoch bei Verwendung der Quadratschrift immer mitgeschrieben. Hinsichtlich der Bedeutung ist STRUNGE/KASSENBROCK zu widersprechen, wenn sie grundsätzlich von 'unsauberen, unehrlichen Geschäften' ausgehen. Das Wort ist auch in den deutschen Sondersprachen wertfrei (ein Beispiel findet sich unter anderem bei WEINBERG, 1969, 16). Soll ein betrügerisches Geschäft bezeichnet werden, so ist die Setzung eines entsprechenden Adjektivs (wie z.B. *link*) zwingend.

Es müßte auch gefragt werden, ob *masematte* speziell in Münster nicht lediglich die Eigenbezeichnung der hiesigen Sondersprache ist - alle Belege, die die ursprüngliche Bedeutung nahelegen, entstammen strenggenommen nicht der Masematte selbst, sondern benachbarten Viehhändlersprachen. Hier ist auch wohl die Vermittlung des Wortes zu suchen: *masematte* ist zunächst das 'Geschäft', dann aber auch die Sprache, derer man sich beim Geschäft bedient [H. Franke].

Die sprachliche Eigenart der Masematte liegt in erster Linie in ihrem Wortschatz. Er besteht zu einem erheblichen Teil aus Wörtern, die dem Sintes beziehungsweise Romanes, also Zigeunersprachen, und dem Jüdisch-Deutschen, der Sprache der westfälischen Juden, entstammen. Die Fremdartigkeit dieses Wortgutes macht im wesentlichen die Fremdartigkeit der Masematte aus. Hinzu kommen Wörter aus dem Rotwelschen. Das ist jene Sprache, die sich ab dem 12./13. Jahrhundert auf der

Grundlage des Mittelhochdeutschen zu entwickeln beginnt und zur Sprache der sozialen Randgruppen der Zeit wird: fahrender Händler und Handwerker, Landstreicher, entlassener Söldner, Spielleute (zum Begriff Rotwelsch: FRANKE, Differenzierung, 1991). Bis heute sind Reste dieser ab dem Mittelalter lebendigen Sondersprache, zum Beispiel bei freigeschriebenen Gesellen auf Wanderschaft, lebendig. Bei der Analyse des Masematte-Wortschatzes ist es im Hinblick auf Wörter hebräischen Ursprungs im einzelnen äußerst schwierig, zwischen direkter Übernahme aus dem Jüdisch-Deutschen oder dem seinerseits teilweise aus jüdisch-deutschem Wortgut bestehenden Rotwelschen zu entscheiden (FRANKE, Besprechung, 1981/82, 384). Neben dem Sintes/Romanes, dem Jüdisch-Deutschen und dem Rotwelschen enthält der Masematte-Wortschatz noch altes westfälisches Wortgut sowie einige wenige Spuren slavischen und romanischen Spracheinflusses. Die nähere Analyse des Masematte-Lexikons ergibt folgende Anteile: Hebräisch (Jüdisch-Deutsch/Rotwelsch): 39 %; Sintes/Romanes: 23,3 %; Westfälisch(Deutsch): 12,3 %; andere Sprachen: 5,2 %; unklare oder unsichere Etymologie: 20,2 % (JÜTTE, 1988, 147; STRUNGE /KASSENBROCK, 1980, 68 f.). Diese Zahlen sind aber bisher nur als ungefähre Richtwerte zu nehmen, da eine fundierte etymologische Untersuchung des Masematte-Wortschatzes noch nicht vorliegt. Insbesondere ist eine differenzierte Analyse des deutschen Anteils noch zu leisten, wobei das in der Masematte vorkommende alte westfälische Wortgut sprachlich und funktional in den Vordergrund tritt. Die Spitzenstellung des hebräisch-jüdischdeutschen Wortgutes erklärt sich indessen eingängig aus dem hohen Anteil jüdischer Viehhändler an der Sprechergemeinschaft.

Insgesamt lassen sich etwa 500 Masematte-Wörter feststellen. Natürlich ließen sich mit diesem relativ beschränkten Vokabular in der Sprachwirklichkeit nicht sämtliche Themen und Sachverhalte erfassen. Der sozialhistorischen Gebundenheit der Masematte zufolge sind es im wesentlichen die folgenden Bereiche, für die der Masematte-Wortschatz das entsprechende Vokabular bereithielt: Handel und Geschäfte (Währungseinheiten, Zahlwörter), Mensch (Gefühle, Charakter, sinnliche Wahrnehmungen, Körperteile, körperliche Funktionen, Sexualität) und Beruf (zum Beispiel Bauhandwerk, Werkzeuge), Grundlagen menschlicher Existenz und sozialer Kontakte (Nahrung, Wohnen, Kleidung; verwandtschaftliche und außerverwandtschaftliche Beziehungen, Polizei, Kirche), asoziale Bezüge (Diebstahl, Raub, Körperverletzung) (dazu auch STRUNGE/KASSENBROCK, 1980, 56-63). In der Sprachwirklichkeit mußte all das, was der Masematte-Wortschatz nicht abdeckte, aber dennoch zum Ausdruck gebracht werden sollte, aus der Umgangssprache und Gemeinsprache ergänzt werden. Die Gemeinsprache Münsters und seiner Umgebung war bis in die dreißiger Jahre hinein Plattdeutsch (Niederdeutsch), das bis dahin selbst in den städtischen Verwaltungsinstanzen die übliche Sprache war. Dann wurde es allmählich vom Hochdeutschen als 'neuer' Gemeinsprache verdrängt. Die Mischung aus gemeinsprachlichen sowie umgangssprachlichen Anteilen und eigentlichem Masematte-Wortschatz gehört also von vornherein zur sprachlichen Realität (gesprochener wie geschriebener) Masematte. Von den Besonderheiten ihres Wortschatzes abgesehen hat die Masematte gegenüber der Gemeinsprache sprachlich im übrigen kaum Besonderheiten. Das betrifft den Satzbau wie die Regeln der Wortbildung.

Ihrem Wortschatz wie ihrer sprachlichen Struktur nach ist die Münstersche Masematte durchaus nichts Einmaliges. Sie steht im Verbund verwandter Sondersprachen, der sogenannten Rotwelsch-Dialekte des Deutschen (SIEWERT, Masematte, 1991). Hierzu zählen beispielsweise: "Bargunsch" oder "Humpisch", Sprache der westfälischen Leinenhändler (Ibbenbüren), "Schlausmen", Sprache der sauerländischen Sensenhändler (Winterberg), "Henese Fleck" (Breyell am Niederrhein), "Lebber Talp", Sprache der Backofenbauer (Bell in der Nordosteifel), "Weimerskircher Lakerschmus" (Luxemburg), "Manisch" (Gießen), "Nassauer Rotwelsch" (Nassau), "Vogelsberger Maurersprache" (Vogelsberg), "Köddinger Maurersprache" (Vogelsberg), "Lingelbacher Musikantensprache" (Vogelsberg), "Schillingsfürster Jenisch" (Schillingsfürst), "Rothenburger Rotwelsch" (Rothenburg o.T.), "Lachoudisch" (Schopfloch), "Fatzersprache" der Bergmusikanten (Erzgebirge), "Wiener Galerie" (Wien), "Berner Mattenenglisch" (Bern).

Als Sondersprache ist die Masematte durch einige Charakteristika von der Gemeinsprache verschieden: Der Anteil der Masematte-Sprecher ist im Hinblick auf die Gesamtbevölkerung begrenzt, auch gibt es begrenzte Sprechergebiete und damit gewissermaßen Sprachgrenzen innerhalb eines gemeinsprachlich ansonsten geschlossenen (Stadt-)Gebietes. Die Masematte-Sprecher haben weiterhin in der Regel einen relativ niedrigen sozialen Status. Als Besonderheit der Masematte kommt hinzu, daß sie überwiegend von Männern gesprochen wurde. Das entscheidende Charakteristikum der Masematte als Sondersprache ist aber in ihrer (für Sondersprachen überhaupt typischen) Funktion zu sehen, Geheimsprache zu sein, das heißt, andere gegebenenfalls gewollt von der Verständigung auszuschließen. Das Mittel dazu lag natürlich in der Fremdartigkeit der nicht-deutschen Anteile im Wortschatz der Masematte. Die Notwendigkeit zur geheimsprachlichen Funktionalisierung der Masematte darf dabei besonders in Situationen des Handels und Geschäfts sowie in der (nicht immer konfliktfreien) Begegnung mit Organen der Staatsgewalt gesehen werden.

Mit der Zerschlagung der Sprechergemeinschaften zu Ende des Zweiten Weltkriegs ist auch die Masematte als Sondersprache Münsters und seiner Umgebung weitestgehend zerstört. Eine Reihe von Faktoren führen dazu, daß die Masematte der Gegenwart in einem völlig anderen sozialhistorischen und sprachlich-funktionalen Bedingungsrahmen steht. So gesehen ist die alte Sondersprache Masematte bis auf die weitgehend verstummte Sprachkompetenz einiger echter letzter Sprecher eine tote Sprache. Am eindrücklichsten wird das, wenn man die alten Sprecher selbst zu Worte kommen läßt (dazu das GESPRÄCH weiter unten; SIEWERT, Masematte, 1991): Von dem, was heute in Münster als Masematte erscheint - das ist angelesene Thekenmasematte, Schüler- und Jugendmasematte, Pressemasematte, insbesondere Karnevalsmasematte - setzt man sich in Kreisen alter 'echter' Masemattesprecher deutlich ab. Überhaupt ist für die meisten echten Sprecher Masematte abgeschlossene sprachliche und soziale Vergangenheit: In der Regel hat die Teilhabe an der Hochsprache und sozialer sowie wirtschaftlicher Aufstieg in der Nachkriegszeit ganz andere Verhältnisse geschaffen. Rührt man an dieser Vergangenheit, werden Erinnerungen an damalige soziale Mißstände wachgerufen. Im Dritten Reich wurden nach Erzählungen alter Sprecher Schüler gelegentlich geschlagen, wenn sie Masematte-Wörter gebrauchten. Als sinnenfälliger Ausdruck für die teilweise radikale Distanzierung alter Sprecher von ihrer sprachlichen Heimat können konkrete Erfahrungen herhalten, die bei der Suche nach 'echten' Masematte-Sprechern gemacht wurden: Manche dieser Sprecher leugneten schlichtweg ihre Kompetenz ("Leider bin ich der 'Masematte' nicht mächtig" / "Mir ist der Ausdruck 'Masematte' fremd ..." [Belege im Archiv der Projektgruppe Masematte]), andere stellten ihr Wissen nur inkognito zur Verfügung.

Die grundsätzliche Verschiedenheit heutiger Masematte von der alten Masematte der Zeit bis zum Ende des Zweiten Weltkriegs, die durch die skeptische Haltung der alten Sprecher gegenüber der 'Sekundärmasematte' bereits hinreichend verbürgt ist, läßt sich noch durch andere Sachverhalte klarlegen: Die Sprecher der

Sekundärmasematte gehören nicht mehr einer sozialen Schicht an, die Teilhabe an heutiger Masematte geht quer durch alle Schichten; es gibt keine den damaligen Masematte-Vierteln vergleichbaren geschlossenen Sprechergebiete mehr; die Sprechsituationen sind in der Regel andere, nur selten begegnet Masematte noch in typischer alter Gesprächssituation (Pferdemarkt in Telgte); auch ist die heutige Schriftlichkeit der Masematte ein Phänomen, das es in der sondersprachlichen Realität der alten Masematte (nach heutigem Wissensstand) nicht gab, sie war ihrem Wesen nach gesprochene Sprache; vor allem ist aber die ursprüngliche Funktion der Masematte, Geheimsprache zu sein, fast völlig erloschen. Der Verlust der Geheimsprachlichkeit der Masematte geht einher mit dem Verlust der Notwendigkeit geheimsprachlicher Anwendung, auch ist zu sehen, daß mit dem zunehmenden passiven Sprachverständnis weiterer Kreise der Münsterschen Bevölkerung Masematte als Instrument der Verhüllung allmählich stumpf werden mußte. Als Spitze dieser Entwicklung ist feststellbar, daß Teile des Masematte-Vokabulars in die Umgangssprache eingewandert und heute in Münster und Umgebung weitgehend allgemeinverständlich sind, zum Beispiel: *jovel* 'gut', *schovel* 'schlecht', *Leetze* 'Fahrrad', *Kaline* 'Mädchen', *Seeger* 'Mann', *Heiermann* 'Fünf-Mark-Stück'.

Gesprochene und geschriebene Masematte

Die - im Sinne voller sondersprachlicher Funktionalität und sozialhistorisch typischer Bedingtheit - echte Zeit der Masematte bis zum Ende des Zweiten Weltkriegs hat offensichtlich keine Schriftlichkeit hervorgebracht. Masematte war in damaliger Anwendung und Funktion natürlich in erster Linie gesprochene Sprache, folglich ist Schriftlichkeit auch nicht zu erwarten. Die seit einiger Zeit betriebene Archivierung schriftlicher Masematte (SIEWERT, Masematte, 1991) hat bis heute kein Dokument geschriebener Masematte hervorgebracht, das nach seiner Herkunft und Abfassung nachweislich in die alte Masematte-Zeit reichte. Die älteste Quelle (T. 38) ist nach einer Datumsangabe auf dem Typoskript im Jahre 1946, also kurz nach der Zerstörung der alten Masematte-Viertel und ihrer Sprechergemeinschaften, entstanden. Schriftliche Masematte ist demnach ein Produkt der Zeit nach dem Untergang der echten Masematte.

Für die geschriebene Masematte ergibt sich im einzelnen folgendes Bild: Insgesamt sind bis heute mehr als 100 Texte gesammelt worden, von denen 16 bereits an anderer Stelle geschlossen ediert sind (dazu SIEWERT, Besprechung, 1991). Damit scheint Vollständigkeit weitgehend erreicht zu sein, mit der Entstehung neuer Texte ist wenigstens im Bereich der recht vitalen Pressemasematte weiterhin zu rechnen. Im Hinblick auf die Autoren der Texte sind zwei Gruppen zu unterscheiden: Überwiegend stammen die Texte von Schreibern, die nicht zum Kreis der alten Sprecher zählen. Einige der Texte sind hingegen aus der Feder der alten Primärsprecher. Dem Inhalt der Texte nach sind grundsätzlich zwei Typen zu erkennen: Texte, die inhaltlich in die 'echte' Masematte-Zeit führen, und Texte, deren Stoffe aus jüngerer Zeit stammen. Darüber hinaus ist die inhaltliche Bindung der Texte an Münster und seine lokalen Intimitäten allenthalben spürbar. Die Textsorten zeigen ein sehr breites Spektrum, das in allen seinen Vertretern die erhebliche Entfernung zur sondersprachlichen Realität der echten Masematte-Zeit dokumentiert. Im einzelnen sind zu unterscheiden: Nachdichtung von Märchen und Balladen, eigenständige Gedichte, Sprichwörter, Geschichten mit historischen, zeitgeschichtlichen oder fiktiven Bezügen, Ansprachen, Einladungen, Leserbriefe, Gästebucheinträge, Bildtexte.

Masematte-Texte und Wissenschaft

Für die wissenschaftliche Auswertung der Texte (SIEWERT, Masematte, 1991) ist der vergleichsweise geringe Quellenwert dieser nach Entstehungszeit und Herkunft der ursprünglichen Masematte in der Regel fernen Dokumente zu beachten. Jedenfalls erfordert deren Nutzung quellenkritische Vorsicht und methodische Sicherheit: Oftmals gehören die Schreiber überhaupt nicht zum Kreis der Primärsprecher, hier ist die kompetente Prüfung solcher Texte durch echte Sprecher notwendig. Dabei zeigt sich immer wieder der Abstand zur ursprünglichen Masematte, zum Beispiel an gemeinsprachlichen Wörtern oder Passagen, die der echte Sprecher mit sondersprachlichem Vokabular besetzt hätte, weiterhin an Fehlern oder Störungen der semantischen Kongruenz bei der Anwendung einzelner Vokabeln. Manche Masemattewörter weisen sich über ihre 'modernen' Inhalte selbst als spätere Kunstbildungen aus und sind dann vom ursprünglichen Masemattewortschatz zu trennen (zum Beispiel: *Tackoachilekabache* 'Schnellimbißbude', T. 60).

Doch auch, wenn die Autoren echte Masemattesprecher sind, können solche Texte nicht vorbehaltlos als authentische Masematte-Dokumente genommen werden, da mit dem (in der Regel erheblichen) zeitlichen Abstand der Texte zur echten Zeit der Masematte individuelle sprachliche Entwicklungen des einzelnen Sprechers, insbesondere die Teilhabe an der Hochsprache, die ursprüngliche Masematte überformt haben. Neben alledem lassen die Inhalte wie das textsortenspezifische Spektrum der Texte die unechten Züge schriftlicher Masematte durchscheinen.

II. GESPRÄCH

In dem folgenden Interview kommen alte Masematte-Sprecher selbst zu Wort. Als Gewährsleute der echten Masematte-Zeit sind sie die einzigen, die noch aus eigenem Erleben unverbrüchliche Informationen über sprachliche und sozialhistorische Hintergründe der Masematte geben können.

Die Unterhaltungen mit den alten Sprechern fanden in Muffi, einem der alten Masematte-Viertel, statt, und zwar am 19. Juli und 3. August 1990. Die Fragen stellte der Herausgeber. Um möglichst ungelenkte Antworten zu erhalten, ist auf ein Vorgespräch zur Sache verzichtet worden. Als Dokument steht das von den Masematte-Sprechern Gesagte für sich, es wird nicht kommentiert. Dem (mit Einverständnis der alten Sprecher) abgedruckten Text liegt ein Tonbandprotokoll zugrunde.

MASEMATTE IN DER ZEIT BIS ZUM ENDE DES ZWEITEN WELTKRIEGES

Wie haben Sie Masematte gelernt?

G: In meiner Kindheit, Schulzeit, 1914, 15, 16; vorher hatte ich schon Kontakt in unserm Haus auf der Brinkstraße, da wohnten zwei oder drei Zigeunerfamilien, und da kam das automatisch, daß wir viel Masematte sprachen.

B: So langsam mit dem Großwerden.

Bei welchen Gelegenheiten sprach man auf Masematte?

G: Ja, bei jeder Gelegenheit, beim Spielen [Zwischenruf **J**: Im allgemeinen.], Unterhaltung, auch in den Schulpausen wurde viel Masematte gesprochen, nicht nur, aber zwischendurch immer.

B: Auf der Straße, beim Spiel mit den Nachbarkindern, und so weiter.

Sprach man Masematte auch auf Märkten, bei Geschäften, beim Handel?

G: Ja, das schon.

Und von wem haben Sie Masematte gelernt?

B: Von den gleichen, von den Kindern untereinander, und die haben's von den Eltern zum Teil, ich natürlich nicht.

R: Es gab Masematte vor allen Dingen in der Halle Münsterland, da gab's Markt, Pferdemarkt, Sechstagerennen, so Koten-Kellner und so was alles, die haben mir die Sprache beigebracht, aber sonst - da ist so bei geblieben, was ich so behalten hab'. In der Schule gab's das auch: Hör mal, gehst du mit zum Charrett, das haben die alle mitgemacht, die kannten die Sprache ja auch.

Haben Sie seinerzeit nur Masematte gesprochen oder auch in 'normalem' Deutsch?

G: Hauptsächlich in normalem Deutsch. Masematte, das war nur, wenn man unter Bekannten war, sonst wurde ganz normal gesprochen. Viel Platt wurde auch gesprochen bei uns.

B: Normales Deutsch war in der Überzahl.

Sollten andere Zuhörer von dem Verständnis ausgeschlossen werden? Das heißt: Wurde Masematte als Geheimsprache benutzt?

B: Unter Kindern, wo ich's gelernt habe, nicht, wie ich mich erinnere. In den Ursprüngen ist es durchaus so gewesen, hier im Stadtteil: jüdische Pferdehändler und jüdische Rohproduktenhändler, genannt Alteisenhändler, in Münster und besonders auch in Wolbeck, dort sprach man natürlich Masematte, dort sprach man Masematte als Geheimsprache.

G: Oft ja. Wenn ein anderer das nicht verstehen sollte, dann wurde Masematte gesprochen. Wenn man über irgendeinen was sagen wollte, den man meinetwegen kannte, und das sollte nicht jeder hören, dann wurde eben Masematte gesagt. Sagen wir mal *Er taugt nichts*, dann wurde nicht gesagt *Er taugt nichts*, sondern *Der seegers, der ist schofel.*

R: Ja.

G: Nicht - ist schaufel.

J: Masematte wurde vorwiegend, so wie ich das mitgekriegt habe, an der Theke gesprochen, wenn ein Zuhörer, der die nicht verstand, diese Masematte-Sprache nicht beherrschte, daß man dann ihm einmal Sachen einflechten konnte, damit der andere gar keine Ahnung davon hatte.

G: Sagen wir, es kommt einer rein, Vier-Zentner-Mann kommt da rein, da kann man nicht sagen *Guck mal, den Dicken da*, sondern *Roin den schummen seeger da*. Die andern wissen Bescheid, aber er weiß nicht, wie es gemeint ist.

J: Zum Beispiel, kommt 'ne junge Frau rein, die man kennt, hat grade vor 'nem Jahr ein Kind gekriegt, und sie steht da, dann sagste *Roin, sie ist schon wieder pattisch*, also: ist schon wieder in Umständen.

J: Sagste mal eben *Laß mal, ich muß eben auffn schontebeis*, dann weiß er ganz genau, wo er hin muß. Aber der andere, der weiß das nicht. Oder: *Was hat der heute für'n dollar auf - oder dollarroiniger, kneistermaschine* und so weiter.

Wer sprach außer Ihnen und Ihren Freunden noch Masematte?

G: Ja, also meine Freunde, die ich hatte, fast alle.

Waren es bestimmte Berufsgruppen, die Masematte sprachen?

G: Ja, mehr oder weniger schon. Die waren aus dem Arbeiterviertel, also aus dem Arbeitermilieu, die Studenten und so weiter, die kannten das weniger.

Beteiligten sich auch Juden und Zigeuner an der Masematte?

G: Ja, selbstverständlich.

R: Ja. Steinweg, gab's, da waren noch mehr, alles hier in der Ecke, alle Juden.

B: Zigeuner wohnten hier im Stadtteil nicht, Juden waren Teil des Stadtviertels, die waren Bürger wie jeder andere, die sprachen natürlich auch die Sprachen der Bürger, und sie waren auch zum großen Teil Arbeiter, die sprachen auch Masematte mit aller Selbstverständlichkeit. Daß die Juden Juden waren, das haben die Nazis erst erfunden.

Sie haben, Herr G., Masematte im heutigen Kuhviertel gelernt, in der Brinkstraße. Sprach man außerhalb dieses Viertels auch Masematte, oder war das in der alten Zeit begrenzt auf dieses Viertel?

G: Zu der Zeit: Tasche, Brink und Ribbergasse auf jeden Fall, da wurde überall Masematte gesprochen.

Wie schätzen Sie den damals gängigen Spruch ein: Tasche, Brink und Ribbergasse - Messerstecher erster Klasse? Stimmt es, daß seinerzeit - vor dem Kriege - das Leben in diesem Bereich relativ gefährlich war?

G: Gefährlich möcht' ich grad' nicht sagen. Es war nur bedingt dadurch eben: Es wohnten Zigeuner da, es wohnten Händler da, das war so gemischt, und auch viel arme Leute. Und es gab schon mal Streitigkeiten, und da wurde ein bißchen übertrieben. Daß einer mit dem Messer gestochen wurde, hab' ich nicht erlebt.

J: Es wurde da, weil es ein Arbeitermilieu war, und die Leute für damalige Zeit auch nicht die Geldmittel zur Verfügung hatten, die heute üblich sind, sondern: Da ging's 'nen bißchen handgreiflich zu, und dann konnte passieren, daß mal 'nen Messerstich oder aber - bösartig gesehen war das eigentlich gar nicht. Es ist nur das Wort mit der Messerstecherei, weil es doch etwas gefährlich war, in dieses Viertel, wenn man es nicht kannte, hereinzugehen, und da mußte man mit Komplikationen rechnen.

Wurde Masematte auch von Frauen gesprochen?

G: Teilweise. Aber hauptsächlich nicht, hauptsächlich nur von Männern. Die Frauen, die ich in Erinnerung habe, das sind die - wie ich schon sagte - es wohnten etliche Zigeunerfamilien in meiner Umgebung, und da hatten die Frauen selbstverständlich auch Kontakt mit, und da ist denen auch so 'nen bißchen beigebracht worden.

B: Von Frauen und Mädchen, die in Muffi großgeworden sind, die zum Teil auch verheiratet waren mit normalen Arbeitern und Bürgern, die Masematte unter sich sprachen, da war das üblich, sind ja auch im gleichen Milieu groß geworden.

War es also keine Männersprache?

B: Doch, deshalb, weil die Frauen nicht so in der Öffentlichkeit lebten wie die Männer.

Wurde auch in den Familien Masematte gesprochen, oder war Masematte mehr eine Sprache der Straße, des Handels?

B: Das ist verschieden, es ist auch so, daß man in einigen Familien - auch heute noch - untereinander gewisse Begriffe in Masematte ausdrückte, weil das einfach einfacher ist.

Waren es bestimmte Themen, die man auf Masematte besprach?

G: Das ist schwer zu sagen. Über Sport - ja. Schule, Schullehrer, wurde oft drüber gesprochen.

B: Die Masematte ist ja als solche keine Sprache, und besonders keine lebendige Sprache, und deswegen war's die Allgemeinunterhaltung. Computer-Sachen kann man zum Beispiel nicht in der Masematte sprechen.

Heißt das, daß man speziellere Themen, die über Alltagsthemen hinausgingen, zum Teil auf Masematte gar nicht besprechen konnte, weil das Vokabular der Masematte dazu gar nicht ausreichte?

B: Genauso ist es.

Wurde Masematte in der alten Zeit bis zum Zweiten Weltkrieg auch geschrieben?

B: Nein.

G: Geschrieben wurde es nicht. Hab' ich nicht in Erinnerung, es wurde nur gesprochen.

R: Das gleiche.

J: [Stimmt zu.]

Gab es auch keine geschriebenen Gebrauchstexte, zum Beispiel Einkaufszettel auf Masematte?

G: Nein. Da kann ich mich nicht entsinnen, das glaub' ich auch nicht.

Es gibt aber schriftliche Masematte-Texte, aus späterer Zeit, von Zeitungsleuten und anderen. Wie ist das Verhältnis dieser geschriebenen Masematte zu den echten alten Sprechern?

B: Es gibt keine Verbindung, und was da geschrieben wird in irgendwelchen Karnevalszeitungen, ist furchtbar, ist seelenlos, und man merkt, daß das aufgepfropft ist.

Hatten Sie den Eindruck, schief angesehen zu werden, wenn Sie Masematte sprachen?

B: Mit denen ich Masematte spreche, auf keinen Fall.

G: Absolut nicht. Das war für uns ganz normal.

Und es gab von außen auch kein schiefes Herabsehen?

G: Nein, hab ich nie empfunden.

Wie war es bei denen, die selbst nicht Masematte sprachen, gab es da etwas wie Beklemmung?

B: Ich wüßte es nicht. Wenn's einer nicht mitkriegen kann, was soll's.

Wie sah man außerhalb von Muffi das Masematte-Viertel?

B: Man sah herab, es war das erste unter einigen Arbeitervierteln. In anderen Stadtteilen, wo auch Masematte gesprochen wurde, wie in Pluggendorf und auch zum Teil am Schützenhof und so weiter, dort verstand man sich untereinander, aber das waren auch alles wieder alte Arbeiterviertel in Münster. Aber sonst sah man auf die hinab.

Gab es Verbindungen zu den anderen Masematte-Vierteln, nach Pluggendorf, zur Sonnenstraße oder zum Kuhviertel?

B: Ich persönlich hatte sie nicht, aber es hat sie gegeben, wobei ich weiß, daß auch in Wolbeck Masematte gesprochen wurde, da muß es auch so was gegeben haben.

R: Ja, wie war das, Bernhard, du warst doch auch über de Pumpe - hieß das früher - [Einrede **G**: Das ist doch was anderes!] - ja aber, hinter der Kirche oder wie die Pumpe da stand, durfte einer - oder kam einer ins Dorf - wir sagten Dorf, Muffi haben sie auch gesagt, Klein-Wolbeck haben sie auch gesagt - ja und da hieß es, nicht, wer von Brink, Ribbergasse kommt und kommt über die Pumpe weg, nicht - der ist schon verloren, dann ist schon Schlägerei und was nicht alles, das gab's ja. Die haben sich untereinander hier geschlagen wie die Kesselflicker.

G: Eine Rivalität unter den einzelnen Vierteln Brink, Tasche, Ribbergasse einmal und dann Wevelinghofergasse, und dann zum andern - kamen die ins Muffi-Viertel wieder, und wenn die sich mal irgendwie trafen, gab's oft Reibereien. Ja, also irgendwie, die konnten sich nicht so recht. Ob das durch - die kannten sich kaum; aber wenn einer aus dem einen Viertel ins andere 'reinkam, und es hieß - kam meinetwegen in Muffi 'rein, und er kam vom Brink, dann hieß es der vom Brink, nicht, und umgekehrt.

Wie war es mit der Masematte im Dritten Reich , in der Hitler-Zeit?

B: Ich weiß es nicht mehr.

G: Da hat sich nichts geändert. Die haben genauso gesprochen wie vorher auch.

R: Nichts hinzuzufügen.

Gab es Anfeindungen wegen der jüdischen Anteile in der Masematte?

G: Mir ist nichts davon bekannt.

R: Ja, ich wüßte nichts.

Wie war die Lage zu Ende des Zweiten Weltkrieges? Es waren viele Häuser zerstört, hatte das Auswirkungen auf das Sprechen der Masematte?

B: Durchaus. Aber in diesem Stadtviertel nicht so stark wie zum Beispiel an der Sonnenstraße oder in Pluggendorf, weil hier einfach - Gott sei Dank - zu wenig durch den Krieg zerstört worden ist, sehr viel erhalten worden, und deswegen sind auch sehr viele der alten Bürger wiedergekommen, wenn sie auch im Krieg bei irgendwelchen Bauernhöfen oder bei Verwandten untergekommen sind; aber nach dem Krieg sind sie wieder ins alte Stadtviertel hinzugezogen, auch ihre Kinder und ihre Enkelkinder leben hier jetzt noch.

G: Ja, insofern, es ist ja alles auseinandergerissen worden, die früher hier wohnten, wohnten nach dem Krieg ganz woanders, weil alles zerstört war.

Heißt das, daß das Sprechen der Masematte dadurch stark abgenommen hat?

G: Das könnte wohl sein, ja. Aber wir Alten - am Schluß haben wir uns ja doch irgendwie wieder zusammengefunden, und dann haben wir genauso gesprochen wie früher auch. Hier im Ostviertel, in Muffi, da hat sich wenig verändert, war wohl alles kaputt, ist alles wiederaufgebaut worden, und da sind auch viele von den alten Bekannten wieder zusammen; aber in den andern Vierteln, Wevelinghofergasse und Brink, Tasche, Ribbergasse, das ist ja ganz ne andere Straßenführung heute, und wohnen auch ganz andere Leute als früher, ja, ganz andere als damals. Damals wohnten nur Arbeiter da, und heute ist das ein Geschäftsviertel geworden, und wohnt auch alles durchgemischt.

Stimmt es, daß die Masematte nach Zerstörung der alten Viertel hauptsächlich bei den Speismakeimern weitergelebt hat?

G: Ja, in etwa schon, weil auf den Baustellen- das waren ja alles Malocher, wie man so sagt. Ganz klar.

B: Das waren Maurer, und daß die Maurer sehr stark Masematte sprachen, weil die sehr lange zusammen auf einem Bau waren und auch zum Proletariat gehörten - man blieb länger bei der Firma, man arbeitete nicht in Großfirmen, man arbeitete hier bei Kleinfirmen, ob das hier bei Pennekamp und wie die - oder Hollenhorst auf'm Gerüst - und die arbeiteten jahrzehntelang zusammen. Und da wurde natürlich Masematte gesprochen.

MASEMATTE HEUTE

Wie steht es heute mit der Masematte, wird sie noch gesprochen?

G: Wenig noch. Wenn sich ein paar Alte treffen, ja. Aber direkt gesprochen - hin und wieder fällt mal so 'n Wort; aber im allgemeinen wenig.

B: Ja, sie wird zum gleichen Teil von der gleichen Bevölkerung noch gesprochen, und wenn einer lange genug hier wohnt und mit den Leuten hier warm werden will, der gewöhnt sich schon einiges an.

Ist es noch derselbe Zweck der Geheimhaltung, also Ausschluß anderer Sprecher vom Verständnis, wenn heute Masematte gesprochen wird?

B: Nein, ich möchte sagen, es ist mehr ein Jargon, aber nicht mehr.

Gibt es typische Situationen, in denen man heute Masematte spricht?

B: Höchstens, wenn man mit lang Bekannten dort ist, wenn sich also wirklich mal 'ne Truppe trifft, an der Theke, in der Kneipe, so richtig, dann spricht man natürlich Masematte, wenn man so richtig, so fünf, sechs zusammen ist - dann hat man Spaß daran und so weiter, dann macht das wohl Lust.

Was halten Sie von der Masematte, die heute von anderen als den alten Sprechern gepflegt wird, zum Beispiel von Jugendlichen, etwa in Coerde oder im Gebiet Berg Fidel? Hat das was mit der alten Masematte zu tun?

G: Das kann ich nicht beurteilen. Ich komm damit nicht zusammen.

J: Ich würde sagen: auf keinen Fall. Die alte Masematte, die früher gesprochen worden ist, so wie ich das in meiner Erinnerung habe, die besteht aus sämtlichen Stadtvierteln, wo arme Leute wohnten, das heißt, Arbeiterviertel waren, die hinterm Haus noch 'nen Plumpsklosett hatten, nicht wahr, da wurde Masematte gesprochen, aber das hat mit der heutigen Zeit nichts mehr zu tun.

R: Meine Erinnerung - wie früher in Pluggendorf, wie haben sie da geschimpft, was haben sie - da durfte doch keiner 'reinkommen - oder Schlägerei, sonst gab's ja gar nichts. Einer fing immer an. Ja, was war hier auf'm Hubertiplatz, was haben sie sich da gekloppt, die Frauleute und die Männer. Mensch, du!

G: Die Masematte, die war damals viel verbundener mit Plattdeutsch. Ob das da Brink, Tasche war, Pluggendorf war, hier Muffi war, Wevelinghofergasse, hauptsächlich wurde Platt gesprochen. Und da war die Masematte mit vermischt.

Sprechen Sie selbst heute noch Masematte?

G: Ja, also wenig. Ich versteh' sie noch, aber man hat so wenig Gelegenheit, mit einem andern zu reden.

R: Wenn wir jetzt zusammen kommen - aber sonst, daß ich da bewandert drin bin -.

J: Es wird jedenfalls nicht mehr so offiziell gesprochen wie es früher mal war. Ich selber - ja - wenn ich so die älteren Herrn hier - und wir sitzen mal zusammen, da wird mal - Worte werden eingeflochten in Masematte, die versteht jeder, die wissen ganz genau, was ist. Und da ist auch bei geblieben. In erster Linie sprechen wir normal. Ganz einfach Deutsch.

Daß ganze Unterhaltungen geschlossen auf Masematte geführt werden, gibt es das gar nicht mehr?

G: Nein, nein. Höchstens, wenn ich von einem mal fünf Mark haben will, sag ich *Gib mir mal nen Heiermann*, oder *Wechsel mal nen Kaff-Schuck-Schein*, aber sonst, große Sätze werden kaum noch gesprochen.

Was ist mit der geschriebenen Masematte, Zeitungsmasematte, Karnevalsmasematte und so weiter? Wie sehen Sie diese Masematte, die überwiegend von Leuten stammt, die selbst nicht aus dem Milieu der ursprünglichen Masematte kommen?

G: Wir kannten früher gar keine schriftliche Masematte. Deswegen kann ich mir kaum ein Urteil darüber erlauben. Wenn ich sie sprechen höre - ja, ist angenehm sogar. Aber geschrieben - ich entziffere es, was damit gemeint ist, aber mehr kann ich da auch nicht zu sagen.

R: Ich kann nur sagen: So viel wie ich weiß, und was ich mitgekriegt habe in meinem Leben, das ist nur, weil ich das hier in Muffi gehört und gesehen habe, und auch kennengelernt habe, sonst hab' ich auch - ich war nicht auf der Schule, war ich nicht, die hab' ich so aufgeschnappt, nicht.

Und würden Sie sich über geschriebene Texte in Masematte freuen, wenn beispielsweise einer zum Karneval scherzhaft einen Artikel auf Masematte verfaßt?

R: Ja, das lese ich schon mal in der Zeitung. Ich wollt mir das mal aufschreiben, aber behält man sowieso nicht alles.

G: Och, ja, ich freu' mich schon, wenn ich's lese. Also, dann muß ich's entziffern, das geht nicht so einfach - flüssig kann ich's nicht lesen. Dann muß ich immer überlegen, weil's geschrieben bißchen anders ist als es gesprochen wird.

J: Es ist immer gut, und es ist auch immer noch schön, wenn alte Herren sich auch mal über Masematte unterhalten. Das ist irgendwie das, was in etwa so die Generation weiterbringt. Aber heute - im Grunde genommen - wenn ich das selber höre, bin ich sofort dabei, und würde das auch mitmachen, aus dem einfachen Grunde, weil es eben - umso älter man wird - das sind die Erinnerungen von früher.

Würden Sie auch schriftliche Masematte als Möglichkeit sehen, die Masematte zu bewahren?

J: Das würd' ich sagen. Ich würd' es sogar begrüßen.

Halten Sie es überhaupt für sinnvoll, daß die Masematte gepflegt wird?

B: Das ist wichtig. Sie muß auf jeden Fall erhalten bleiben und der Nachwelt erhalten bleiben. Das ist einfach eine ungeheuer wichtige Sache, ich meine, es ist 'ne wichtige Sprachinsel, ist auch 'ne kulturhistorische Sache.

J: Ich fände es ausgezeichnet, wenn das weitergeführt wird. Ich finde, daß das heute - in der heutigen Zeit, wenn das mal wieder 'nen bißchen gepflegt wird - dann die alten Erinnerungen zurückkommen, auch für die Älteren und dann wieder für die Jüngeren, die das weitergeben, damit diese Masematte, die man von Kind an praktisch mitgekriegt hat, daß das weitergeführt wird, das ist genauso wie jede andere Sprache auch.

Wie sehen Sie die Zukunft der Masematte?

B: Ich hoffe, daß es weitergeht, aber es ist ja keine Sprache, diese Sprache entwickelt sich nicht weiter, es wird nichts Neues dazukommen, und es wird dadurch also einen geringeren Raum im Leben einnehmen.

R: Daß sie ganz aussterben wird, glaub' ich nicht.

Wird Masematte von den alten Masematte-Sprechern weitergegeben, an Kinder und Kindeskinder?

G: Ich hab' sie nicht weitergegeben an meine Kinder, die haben sie sich selbst zugelegt, was sie so konnten.

R: Meine Kinder kennen da nichts von, das weiß ich wohl. Das hab' ich ihnen auch nicht beigebracht.

Gab es bestimmte Gründe dafür, daß sie es ihren Kindern nicht weitergegeben haben?

R: Nein - weil die ja kein Interesse dafür hatten.

G: Der Meinung bin ich auch, die interessierten sich nicht dafür.

J: Ja, also, die Weitersprache der Masematte, die ist ja nun bedingt durch die Zeit. Die Zeit bringt ja auch, das wissen wir alle selber, daß so etwas - das Alte, was eingesessen war, das verläuft sich. Also man bringt's den Kindern nicht mehr bei. Man will's ja auch nicht wissen, daß man früher auch mal 'nen bißchen ärmer gewesen ist als heute. Das ist sicher.

III. MASEMATTE-TEXTE

Die Texte stammen aus dem Archiv der schriftlichen Masematte-Quellen (Projektgruppe Masematte). Nicht alles Archivierte konnte in das Textbuch aufgenommen werden, in einigen wenigen Fällen mußte auf eine Wiedergabe verzichtet werden.

Die Texte sind nach Textsorten gruppiert. Innerhalb der einzelnen Abschnitte ist die Anordnung der Texte im allgemeinen frei, die Texte zum Zeitgeschehen sind in chronologischer Ordnung wiedergegeben. Existieren zu einem Text verschiedene Versionen mit nur geringen Abweichungen, ist in der Regel nur eine Textversion ediert. Bei sehr eigenständigen Versionen sind diese nebeneinander gestellt (T. 6a,b). Im Quellenverzeichnis sind immer sämtliche Versionen dokumentiert.

Für die Edition der Texte gelten des weiteren folgende Prinzipien: Die Wiedergabe erfolgt im allgemeinen vorlagengetreu. Vor allem findet keine Vereinheitlichung von Varianten statt, da solche Varianz für die sprachwissenschaftliche Auswertung der Masemattetexte aufschlußreich sein kann (zum Beispiel *bes/bees,* häufig/T. 38; *Firche/Fiche/Pfirche,* häufig/T. 23/T. 54, 58; *Challach/Gallach/ Gallag,* T. 45/46/51; *Lowine/ Luwine,* häufig/T. 13, 43 und öfter; *rakerwehlen/ rakewelen/rackewehlen/ rackwelen/rackeln,* T. 54/T. 41/T. 57/T. 72/T. 41; *romdi/ romni,* häufig/T. 68; *scherbeln/scherweln,* häufig/T. 52; *Tiftel/Tiffle,* häufig/T. 64). Auch ist bei semantischen Störfällen ('schiefe' Verwendung von Masemattewörtern, Inkongruenzen), zum Beispiel: *du bescht ja ne jovle Rackewele,* richtig: *hegst,* T. 23; *den Zossen das Ponum abgesäbelt/schüttelte sein Ponum,* richtig: *Schero,* T. 53/56, nicht in den Text eingegriffen worden. Die Schaffung künstlicher Originalität durch Emendation hätte hier den Blick für den tatsächlichen (minderen) Quellenwert dieser Texte flächendeckend verstellt. Ebenso werden gemeinsprachliche Wörter oder Textstellen, die der Originalschreiber (Originalsprecher) in Masematte ausgedrückt hätte, so belassen (zum Beispiel: *Hut: Obermann,* T. 17, 50; *Straße, Patt: Strehle,* T. 18, 56; *gucken, sehen: kneistern, roinen,* T. 55, 56; *Gesicht: Ponum,* T. 64; *Ringe: Bassels,* T. 57; *klein: koten,* T. 60; *Kartoffeln: Matrelen,* T. 50; *Verwandte: Mispoke,* T. 38; *bluten: mailachen,* T. 38 / *Latsch doch mit ! laberte der Esel: Teilach ... schmuste ...,* T. 3; *schwer Remmidemmi, schwer mies: hame ...,* T. 50, 60; *Lowi kassieren: ... bewirchen,* T. 36). Weiterhin werden inhaltliche Fehler in Übersetzungstexten nicht korrigiert, z.B.: *peselte Aschen-Animchen zu dem Grab und schallerte*: '... und sang', inhaltlich richtig: 'weinte' (*plannigen*), T. 2.

Um den Charakter der Texte nicht zu verfälschen, sind die Texte orthographisch nicht redigiert worden. Das betrifft auch die für schriftlich überlieferte Masematte typische Ungeregeltheit der Groß- und Kleinschreibung. Von einer Redigierung im Sinne einer geregelten Orthographie ist bei Texten dieser Art ohnehin abzusehen, da sich die sondersprachlichen, mundartlichen und umgangssprachlichen Elemente gegen ein solches Verfahren sperren. Auch wird die 'grammatische' Form der Masemattetexte, die vom Standpunkt der Gemeinsprache oftmals als fehlerhaft erscheint, voll respektiert, da auch sie zum Wesen der Masematte gehört. Die Interpunktion der Texte ist indessen behutsam angeglichen worden.

Nur in wenigen gesondert begründeten Ausnahmefällen ist ansonsten in den Text eingegriffen worden. Das betrifft Stellen, die eindeutig als Druck- oder Schreibfehler erkannt werden können, vom Autor des jeweiligen Textes also mit Sicherheit nicht beabsichtigt sind, zum Beispiel: *unsererer*, richtig: *unserer* (T. 39); *dan*, richtig: *das* (T. 40); *nenen*, richtig: *nen* (T. 40); *-ant*, richtig: *-amt*; *um*, richtig: *und* (T. 60). Solche Entstellungen betreffen in seltenen Fällen auch den eigentlichen Masematte-Wortschatz (und sind dann von den wirklichen Varianten streng zu trennen): *blickte*, richtig: *bickte* (T. 2); *Platte*, richtig: *Patte* (T. 16); *Zezinnung*, richtig: *Bezinnum* (T. 18); *jovte*, richtig: *jovle* (T. 48); *rakewesen*, richtig: *rakewelen* (T. 48); *Seegen*, richtig: *Seeger* (T. 50); *bu-eken*, richtig: *bureken* (T. 56); *Mistel*, richtig: *Mispel* (T. 60); *Lapinenmalocher*, richtig: *Lapanenmalocher* (T. 61); *telletour*, richtig: *lelletour* (T. 66). Hier und da ist davon auch die Flexion betroffen: *schmergel*, richtig: *schmergeln* (T. 52); *schefte*, richtig: *scheftete* (T. 56). Darüber hinaus sind drei unzweifelhafte Fälle krasser Fehlverwendung von Masemattewörtern (Verwechslungen) korrigiert worden, die Konjektur ist hier jeweils hinreichend gesichert: *Trampeljöner*, richtig: *Tralli* (T. 38); *Mispel*, richtig: *Tiftel* (T. 39, zwei Mal); *rackewehlt*, richtig: *rackert* (T. 56).

Die Masematte-Texte werden in der Regel ungekürzt wiedergegeben. In Mischtexten (Wechsel von Masematte und gemeinsprachlichen Textpassagen) oder bei Artikeln mit gemeinsprachlichen Einleitungspassagen oder sonstigen Erläuterungen werden diese um die gemeinsprachlichen Abschnitte soweit wie möglich gekürzt (T. 16, 17, 19, 20, 21, 23, 24, 43, 49, 51, 53, 54, 55, 56, 57, 58, 60, 62, 64, 65, 70). Die Überschriften sind frei gewählt. Bei Textänderungen im Original wird in der Regel die Fassung letzter Hand wiedergegeben (zum Beispiel T. 13, 39). Von diesem Prinzip wird in besonders begründeten Fällen abgewichen, wenn etwa erheblicher Textverlust die Folge wäre (zum Beispiel: *Sein Tischanim muckerte seine achilerei und zog ne miese Schmiege*, im Original T. 39 durchgestrichen). In einem Fall (T. 39, Loch im Papier des Originals) wird der Buchstabenverlust konjiziert (*[Fe]men*). In einem anderen Fall (T. 15) kann eine größere Lücke im Typoskript nicht konjiziert werden (Satzabbruch: *und Sigi Rachuba noch [...]*).

Die Masemattetexte sind mit einer Übersetzung versehen. Auf die Erstellung eines Glossars ist bewußt verzichtet worden, da die hierzu vorliegenden Arbeiten einschließlich schon vorhandener Glossare hinreichende wissenschaftliche Sicherheit noch nicht gewähren und grundlegende Vorarbeiten, besonders im Bereich der Etymologie, noch zu leisten sind.

Die Texte sind nach folgenden Richtlinien übersetzt worden: Die Übersetzung folgt dem Prinzip der Textgebundenheit. Interpretatorisches Übersetzen wird in jedem Fall vermieden, Inhalte werden nicht beschönigt. Das Prinzip der Textgebundenheit wird in gesondert begründeten Ausnahmefällen eingeschränkt: Bei literarischer Nachdichtung (T. 5,6) wird das dichterische Original dem Masematte-Text unverändert gegenübergestellt. Ähnlich wird in einem anderen Fall (T. 68) die zusammen mit dem betreffenden Masematte-Text entstandene freie Übersetzung wegen ihres Eigenwertes unverändert beibehalten (auch T. 11).

Die Übersetzung der Masematte-Texte ist - soweit möglich - Übertragung in die Hochsprache. Wegen des Charakters der Texte ist das aber nur eingeschränkt machbar, der eigentliche Masematte-Wortschatz wie auch umgangssprachliche und mundartliche Elemente wirken hier oftmals gegen. Zum Beispiel wird bei bestimmten Wendungen und Fügungen, die eine mustergleiche Entsprechung in der Umgangssprache haben und deren Wiedergabe hochsprachlich nur eingeschränkt oder gar nicht möglich ist, die entsprechende umgangssprachliche Wendung oder Fügung gewählt (zum Beispiel: *tofter seeger* 'toller Kerl', nicht: 'guter Mann', häufig). Auch bei wörtlicher Rede ist die Stilebene nur behutsam gehoben worden. Interjektionen (zum Beispiel *maschemau*, häufig) und Lautmalereien (zum Beispiel *Ruckediku, ruckedikeis*, T. 2) werden nicht übersetzt. Belassen wird das Masemattewort weiterhin in Fällen, wo im Text selbst die gemeinsprachliche Übersetzung gegeben wird (*Jut gleich zehn*, T. 9) oder das Masemattewort anderweitig objektsprachlich erörtert wird (T. 68,73). Synonymenreihung wird in der Übersetzung wenn möglich respektiert (zum Beispiel: *Den ganzen Tag mußte es malochen und schanägeln ...* 'Den ganzen Tag mußte es arbeiten und arbeiten ...', T. 2).

Die Übersetzung versteht sich als Verständnishilfe für den Leser. Nach den eingegangenen Übersetzungsprinzipien kann sie in der Regel den verläßlichen Rückschluß auf die Einzelbedeutungen der Masematte-Wörter leisten. Die Übersetzungen, insbesondere einige schwierige Zweifelsfälle, sind durch kompetente Primärsprecher der Masematte überprüft worden.

A. Nachdichtung
a. Märchen

1. ROTDOHLINCHEN

Es war einmal ein korantes Anim,
das böschte immer mittem roten Doh-
ling durch die Bendine. Deshalb laber-
te jeder Hegel es als "Rotdohlinchen"
an. Eines Tages schmuste die Alsche
von dem Anim: "Los, schemm mal zu
Oma. Schuck ihr was zum Achilen und
was zum Picheln. Aber sei mucker, und
scherbel nich vonne Strehle runter."

Rotdohlinchen teilachte los. Plötz-
lich böschte ein schofler Keilof aus'm
Gebüsch. "Maschemau, Rotdohlin-
chen", schmuste er, "wo willste denn
hinschemmen?" Rotdohlinchen racke-
welte vonne Oma, dasse ihr was zu
frengeln und zu schickern schukken
wollte. Der Keilof schmergelte sich
einen und laberte für sich: "Da musse
was Jovles ausbaldowern, dasse die
Tölen beide verspachteln kannz." Und
deshalb schmuste er der kotenen Kali-
ne: "Reun doch mal die toften Blumen,
willze nich nen Sträußchen für deine
Oma bewirchen?" Rotdohlinchen fand
das jovel und latschte los: Blumen aus-
baldowern!

Der schofle Keilof aber tigerte tak-
ko zum Beis von der Oma und dellte

Es war einmal ein hübsches Mädchen, das lief immer mit einem roten
Hut durch die Gegend. Deshalb wurde
es von jedermann "Rotkäppchen" genannt. Eines Tages sagte die Mutter
des Mädchens: "Los, geh mal zur Oma.
Bring ihr was zu essen und was zu
trinken. Aber paß auf, und geh nicht
von der Straße runter."

Rotkäppchen ging los. Plötzlich
sprang ein böser Wolf aus dem Gebüsch. "Maschemau, Rotkäppchen",
sagte er, "wo willst du denn hingehen?" Rotkäppchen erzählte von der
Oma, daß sie ihr etwas zu essen und zu
trinken bringen wollte. Der Wolf grinste in sich hinein und sagte zu sich: "Da
mußt du dir etwas Schönes ausdenken,
damit du die beiden Frauen auffressen
kannst." Und deshalb sagte er zu dem
kleinen Mädchen: "Sieh doch mal die
schönen Blumen, willst du nicht ein
Sträußchen für deine Oma pflücken?"
Rotkäppchen fand das gut und ging
los: Blumen suchen!

Der böse Wolf aber lief schnell zum
Haus der Oma und klopfte an die Tür.

anne Tür. "Die Tür is auf", schallerte die Schabo. Der Keilof schemmte rein, böschte zur Poofe und verspachtelte die Ische. Dann zog der alte Figinenköster ihre Kowe an, haute sich inne Firche und mimte einen auf Oma. Als Rotdohlinchen das Beis von ihrer Oma dibberte, muckerte sie takko, dasse Tür auf war.

Sie schemmte in das Backs, teilachte zur Poofe und fand, daß ihre Oma hamel meschugge ausse Klamotten reunte. Rotdohlinchen schmuste: "Was hasse denn für große Röllekes?" "Damit ich dich joveler dibbern kann!" "Was hasse denn für eine schofel große Gosche?" "Damit ich dich joveler verspachteln kann." Und kaum hatte der Keilof das gelabert, da böschte er ausse Firche und verfrengelte auch den Koten mit den roten Obermann. Dann haute sich der Keilof wieder inne Firche und poofte.

Es dauerte nicht lange, da tigerte der Mispel an dem Beis vorbei. Der Seeger dachte: "Was schnarcht die Oma so hamel - willze doch mal nach ihr kneistern." Er schemmte in das Backs - und dibberte, wie der Keilof inne Firche am Ratzen war. Er wollte gerade seinen Kamangerie, seinen Ballermann, ausse Chatte ziehen, da muckerte er, daß der Koten und die Alsche vielleicht doch nich mulo und

"Die Tür ist offen", rief die Frau. Der Wolf lief rein, sprang zum Bett und fraß die Frau auf. Dann zog der alte Betrüger ihre Kleider an, legte sich ins Bett und spielte die Oma. Als Rotkäppchen das Haus ihrer Oma sah, bemerkte sie schnell, daß die Tür offen war.

Sie ging ins Haus, lief zum Bett und fand, daß ihre Oma sehr dumm aus der Wäsche guckte. Rotkäppchen sagte: "Was hast du denn für große Augen?" "Damit ich dich besser sehen kann!" "Was hast du denn für einen schrecklich großen Mund?" "Damit ich dich besser fressen kann." Und kaum hatte der Wolf das gesagt, da sprang er aus dem Bett und fraß auch die Kleine mit dem roten Käppchen auf. Dann legte sich der Wolf wieder ins Bett und schlief.

Es dauerte nicht lange, da zog der Aufseher an dem Haus vorbei. Der Mann dachte: "Was schnarcht die Oma so sehr - willst du doch einmal nach ihr sehen." Er ging in das Haus - und sah, wie der Wolf schnarchend im Bett lag. Er wollte gerade seinen Kamangerie, seine Waffe, aus der Tasche ziehen, da bemerkte er, daß das Kind und die Frau vielleicht doch nicht tot und noch zu retten wären. Er nahm sein Messer in

noch zu retten wären. Er nahm seine Plotte inne Feme und burkte dem Keilof die Wampe auf. Oma und Rotdohlinchen böschten tacko raus. Dann stopften sie dem Keilof die Plautze mit Steine voll und nähten sie wieder zu. Als der schofle Keilof ausgepooft hatte, hatte er hamel Brand. Er wollte zum Brunnen teilachen - aber da fiel er mulo um.

Rotdohlinchen aber lebte weiter. Und wenn sie nicht mulo ist, dann schemmt sie noch heute mit den roten Obermann durch die Bendine...

die Hand und schnitt dem Wolf den Bauch auf. Oma und Rotkäppchen sprangen schnell heraus. Dann stopften sie dem Wolf den Bauch mit Steinen voll und nähten ihn wieder zu. Als der böse Wolf ausgeschlafen hatte, hatte er großen Durst. Er wollte zum Brunnen laufen - aber da fiel er tot um.

Rotkäppchen aber lebte weiter. Und wenn sie nicht gestorben ist, dann läuft sie noch heute mit dem roten Käppchen durch die Gegend...

2. ASCHEN-ANIMCHEN

Einem Seeger war seine Alsche gepeigelt. Sein Koten, ein Anim, teilachte jeden Tag zum Grab von der Alschen und flennte. Bald gasselte der Stussmann eine neue Kaline, die bes Kotens - auch Ischen - mit ins Beis brachte. Die Romdis rointen mucker aus, waren aber hamel schofel zu dem andern Anim. Den ganzen Tag mußte es malochen und schanägeln, Jack anmachen und Pani schleppen. Abends konnte es nich mal inne Firche ratzen, sondern mußte inne Asche poofen. Und deshalb wurde es "Aschen-Animchen" geschmust.

Einem Mann war die Frau gestorben. Sein Kind, ein Mädchen, ging jeden Tag zum Grab der Mutter und weinte. Bald heiratete der Trottel eine neue Frau, die zwei Kinder - auch Mädchen - mit ins Haus brachte. Die Mädchen sahen hübsch aus, waren aber sehr schlecht zu dem anderen Mädchen. Den ganzen Tag über mußte es arbeiten und arbeiten, Feuer anmachen und Wasser schleppen. Abends konnte es nicht einmal im Bett schlummern, sondern mußte in der Asche schlafen. Und deshalb wurde es "Aschenputtel" genannt.

Als der Seeger mal verreiste, schmuste er seine Ischen, was er ihnen mitbringen sollte. Die eine wollte ne kurante Kowe, die andere nen schauwen Bassel. Und Aschen-Animchen wollte nen Zweig. Der Jölbst bickte also Kowe und Bassel - und schuckte dem Aschen-Animchen einen Zweig. Das Anim pflanzte den Zweig auf das Grab von der Alschen und flennte so hamel, daß ein Baum daraus wuchs.

Da makeimte der Obermacker von der Bendine, der König, eines Tages eine große Fete. Sein Sohn wollte gasseln - und sich deshalb mal alle Kalinen bediwwern. Die beiden Romdis hegten hamel Jontef. Aschen-Animchen wollte auch mitschemmen. Aber die Alsche rakawelte: "Du liegst hier immer inne Schonte, hegst laulone Kowe und kannz nich schwoofen. Du bleibst im Beis!"

Doch als die Alsche mit den bes Romdis abgeböscht war, peselte Aschen-Animchen zu dem Grab und schallerte. Da fielen vom Baum kurante Kowe und muckere Masminen runter. Tacko zog Aschen-Animchen die Klamotten an und teilachte zu der Fete. Da muckerte keiner, daß sie das Aschen-Animchen war. Und der Sohn von dem Obermacker schwoofte den ganzen Abend nur mit ihr. Nach der Fete wollte er sie nach Beis bringen,

Als der Mann einmal verreiste, fragte er seine Mädchen, was er ihnen mitbringen sollte. Die eine wollte ein schönes Kleid, die andere einen wertvollen Ring. Und Aschenputtel wollte einen Zweig. Der Mann kaufte also Kleid und Ring - und reichte dem Aschenputtel einen Zweig. Das Mädchen pflanzte den Zweig auf das Grab der Mutter und weinte so sehr, daß ein Baum daraus wuchs.

Da richtete der Herrscher des Landes, der König, eines Tages ein großes Fest aus. Sein Sohn wollte heiraten - und sich deshalb einmal alle Mädchen ansehen. Die beiden Mädchen freuten sich sehr darauf. Aschenputtel wollte auch mitgehen. Aber die Mutter sprach: "Du liegst hier immer im Dreck, besitzt kein Kleid und kannst nicht tanzen. Du bleibst im Haus!"

Doch als die Mutter mit den beiden Mädchen weggefahren war, lief Aschenputtel zu dem Grab und sang. Da fielen vom Baum schöne Kleider und hübsche Schuhe herunter. Schnell zog Aschenputtel die Kleider an und ging zu dem Fest. Da bemerkte keiner, daß sie das Aschenputtel war. Und der Sohn des Herrschers tanzte den ganzen Abend nur mit ihr. Nach dem Fest wollte er sie nach Hause bringen, aber sie eilte schnell davon, brachte die

aber sie peselte tacko ab, brachte die Kowe zurück - und als die Alsche mit ihren Romdis kam, poofte sie schon wieder inne Asche.

Am nächsten Abend aber hatte der Königssohn die Treppe mit Pech beseibeln lassen. Und als Aschen-Animchen tacko abpeselte, blieb einer von ihren jovlen Masminen im Pech stecken. Der Königssohn fand die Masminen und rakawelte: "Das Anim, das mit seine Mauken in diese Masminen paßt, soll meine Alsche werden." Und dann schemmte er los.

Bald kam er auch in das Beis von den Seeger mit den drei Kalinen. Das eine Romdi nahm die Masmimen, aber der Zeh paßte nicht rein. Da gab ihr die Alsche ne Plotte und schmuste: "Burk dir den Zeh ab. Wenn du den Schauter erst gegasselt hast, brauchst du sowieso lau oser zu schemmen."

Und das Romdi mimte den Katzow und dellte sich die Zehen ab, zwängte die Mauken in die Masminen und teilachte zum Königssohn. Der chappte sie auf seinen Zossen und peselte ab. Als sie aber an dem Grab von der Alschen vorbeikamen, saß da ein Vogel im Baum und schallerte: "Das ist die falsche Kaline / Die hat Mailach inne Masmine / Ruckediku, ruckedikeis / Das tofte Anim sitzt noch im Beis."

Kleidung zurück - und als die Mutter mit ihren Mädchen kam, schlief sie schon wieder in der Asche.

Am nächsten Abend aber hatte der Königssohn die Treppe mit Pech bestreichen lassen. Und als Aschenputtel schnell fortlief, blieb einer von ihren schönen Schuhen im Pech stecken. Der Königssohn fand die Schuhe und sprach: "Das Mädchen, das mit seinen Füßen in diese Schuhe paßt, soll meine Frau werden." Und dann zog er los.

Bald kam er auch in das Haus des Mannes mit den drei Mädchen. Das eine Mädchen nahm die Schuhe, aber der Zeh paßte nicht hinein. Da gab ihr die Mutter ein Messer und sagte: "Schneide dir den Zeh ab. Wenn du den Mann erst geheiratet hast, brauchst du sowieso nicht mehr zu gehen."

Und das Mädchen spielte den Metzger und schlug sich die Zehen ab, zwängte die Füße in die Schuhe und ging zum Königssohn. Der zog sie auf sein Pferd und ritt los. Als sie aber an dem Grab der Mutter vorbeikamen, saß da ein Vogel im Baum und zwitscherte: "Das ist das falsche Mädchen / Die hat Blut im Schuh / Ruckediku, ruckedikeis / Das schöne Mädchen sitzt noch im Haus."

Da brachte der Schauter das Romdi zurück. Und genauso das zweite Romdi, das sich die Hacke abgeburkt hatte, damit ihre Zomen inne Masminen paßten. Schließlich schmuste der Königssohn dem Seeger: "Hast du noch ne Kaline?" Aber der rakawelte: "Laulone. Bloß noch das Aschen-Animchen." Aber der Königssohn wollte es unbedingt diwwern. Er chappte ihre Zomen und maschemau - die Mauken paßten ömmes in die Masminen.

Der Königssohn chappte also das Aschen-Animchen auf seinen Zossen, und sie peselten los. Und als sie an dem Vogel verbeischemmten, schmuste der: "Laulone Mailach inne Masmine / Das ist die tofte Kaline / Ruckediku, ruckedikack / jetzt hat er das Anim im Sack.

Da brachte der Mann das Mädchen zurück. Und ebenso das zweite Mädchen, das sich die Hacke abgeschnitten hatte, damit ihre Füße in die Schuhe paßten. Schließlich fragte der Königssohn den Mann: "Hast du noch ein Mädchen?" Aber der sprach: "Keines mehr. Bloß noch das Aschenputtel." Aber der Königssohn wollte es unbedingt sehen. Er nahm ihre Beine und maschemau - die Füße paßten tatsächlich in die Schuhe.

Der Königssohn zog also das Aschenputtel auf sein Pferd, und sie ritten los. Und als sie an dem Vogel vorbeikamen, sagte der: "Kein Blut im Schuh / Das ist das schöne Mädchen / Ruckediku, ruckedikack / Jetzt hat er das Mädchen für sich."

3. DAS MUCKERE KOWEN-MALOCHERCHEN

Ein kotener Schneider war gerade am Achilen, als ein paar Fliegen über seine Knierfte teilachten. Da wurde der Kowen-Malocher hamel brastig und dellte tacko mit nem alten Plurren auf das Karo. Als er dibberte, daß er söjen Fliegen mulo makeimt hatte, hielt er sich fürn toften Seeger und schrieb auf seinen Gürtel: "Söjen auf einmal verkasematuckelt!"

Ein kleiner Schneider war gerade beim Essen, als ein paar Fliegen über sein Butterbrot liefen. Da wurde der Schneider sehr böse und schlug schnell mit einem alten Lumpen auf das Butterbrot. Als er sah, daß er sieben Fliegen tot geschlagen hatte, hielt er sich für einen tollen Kerl und schrieb auf seinen Gürtel: "Sieben auf einmal erschlagen!"

Dann teilachte er los. Bald traf er einen Riesen. Der hatte vielleicht Schmackes - der konnte einen Stein inne Fehme zerburken. Das Kowen-Malocherchen aber fingerte einen weichen Käse ausse Chatte und burkte ihn solange, bis das Pani nur so ausse Fehme dröppelte.

Da warf der Riese einen Stein hoch, daß man ihn kaum noch kneistern konnte. Der Figinenköster jedoch holte einen kotenen Vogel ausse Chatte, den er vorher gechappt hatte. Der Vogel böschte ab - und ward nicht mehr gedibbert.

Abends lud ihn der Riese ein, bei ihm im Beis zu poofen. Dem kotenen Schneider aber war die Firche zu groß. Er schemmte in eine Ecke und ratzte da. Der Riese aber holte einen Mottek, dellte die Firche kapores - und meinte, er hätte den Koten mulo makeimt. Als er aber am anderen Morgen den Kowen-Malocher dibberte, kriegte er hamel More und peselte tacko ab.

Der muckere Seeger aber schemmte weiter und kam zu dem Beis vom König. Er haute sich ins Gras und poofte. Die Hegels vom King knispelten, was auf seinem Gürtel stand, und schmusten es dem König. Und der gab dem Schauter gleich eine Maloche, weil er Seeger mit Schmackes hamel gebrauchen konnte. Aber da wurden die ande-

Dann ging er los. Bald traf er einen Riesen. Der hatte vielleicht eine Kraft - der konnte einen Stein in der Hand zerdrücken. Das Schneiderlein aber zog einen weichen Käse aus der Tasche und drückte ihn solange, bis das Wasser nur so aus der Hand tropfte.

Da warf der Riese einen Stein hoch, so daß man ihn kaum noch sehen konnte. Der Schlauberger holte jedoch einen kleinen Vogel aus der Tasche, den er vorher gefangen hatte. Der Vogel schwirrte ab - und wurde nicht mehr gesehen.

Abends lud ihn der Riese ein, bei ihm im Haus zu schlafen. Dem kleinen Schneider aber war das Bett zu groß. Er ging in eine Ecke und schlief da. Der Riese aber holte einen Hammer, schlug das Bett entzwei - und glaubte, er hätte den Kleinen tot geschlagen. Als er jedoch am anderen Morgen den Schneider sah, bekam er große Angst und lief schnell davon.

Der schlaue Kerl aber zog weiter und kam zu dem Schloß des Königs. Er legte sich ins Gras und schlief. Die Männer des Königs erblickten, was auf seinem Gürtel stand, und berichteten es dem König. Und der gab dem Mann gleich eine Arbeit, weil er Männer mit Kraft gut gebrauchen konnte. Aber da wurden die anderen Männer des Kö-

ren Hegels von dem König brastig, und sie schmusten ihm, er solle den Kowen-Malocher bloß wieder in'nen Tabak schicken.

Der König hatte auch bald was ausbaldowert. Er rakawelte dem Kowen-Malocherchen, er sollte in den Wald teilachen. Da böschten zwei schofle Riesen durch die Bendine. Die solle er mulo makeimen. Dafür sollte er das halbe Königreich und die Königstochter - ein kurantes Anim mit toften Körning und jofle Zomen - bewirchen.

Der muckere Kowen-Malocher hatte die beiden Riesen bald gekneistert: Sie waren gerade am Poofen. Er kletterte auf einen Baum und warf solange kotene Steine runter, bis die Riesen wach wurden. Jeder meinte, der andere hätte ihn gedellt. Da kriegten sie hamel Stoof - und makeimten sich solange, bis beide mulo waren.

So blieb dem König lau oser übrig, als dem muckeren Kowen-Malocherchen das Land und das Anim zu geben.

nigs wütend, und sie sagten ihm, er solle den Schneider bloß wieder in den Tabak schicken.

Bald hatte sich der König auch etwas ausgedacht. Er sagte dem Schneiderlein, er solle in den Wald gehen. Da zögen zwei böse Riesen durch die Gegend. Die solle er tot schlagen. Dafür sollte er das halbe Königreich und die Königstochter - ein hübsches Mädchen mit einem schönen Busen und schönen Beinen - bekommen.

Der kluge Schneider hatte die beiden Riesen bald entdeckt: Sie schliefen gerade. Er kletterte auf einen Baum und warf solange kleine Steine herunter, bis die Riesen wach wurden. Jeder meinte, der andere habe ihn geschlagen. Da bekamen sie großen Streit - und schlugen sich solange, bis beide tot waren.

So blieb dem König nichts anderes übrig, als dem tapferen Schneiderlein das Land und das Mädchen zu geben.

4. DIE BREMER SCHALLERMÄNNER

Es war einmal ein Macker, der hatte einen Esel, der nicht mehr tacko teilachen und malochen konnte. Deshalb wollte er ihn mulo makeimen. Als das der Esel mukkerte, beschte er plete. Er wollte nach Bremen schemmen und Schallermann werden.

Auf der Strele dibberte er einen Keilof, der hamel schofel rointe und dem das Pani fast inne Döppen stand. "Was flennste, Bello?" rackewelte der Esel. Und der Juchelo schmuste dem Esel, daß sein Hegel ihn beinahe mulo gedellt hätte.

"Latsch doch mit!" laberte der Esel. Und sie teilachten gemeinsam weiter. Später kneisterten sie noch eine Matschka und einen Baschlo, die beide hamel Stoof mit ihren Kneis hatten. Die schemmten mit.

Abends, als die vier poofen wollten, knispelte der Baschlo ein Beis. Und weil alle hamel Brand und Roof hatten, laberte die Töle: "Laß uns doch mal dibbern, ob es da lau was zu schickern und zu frengeln gibt."

Sie kneisterten durch die Fineete und peilten vier Boofken, die jovel am Picheln und am Achilen waren. Sie latschten in das Beis und schallerten los, daß die vier Seegers total kolone

Es war einmal ein Mann, der hatte einen Esel, der nicht mehr schnell laufen und arbeiten konnte. Deshalb wollte er ihn totschlagen. Als der Esel das bemerkte, riß er aus. Er wollte nach Bremen gehen und Stadtmusikant werden.

Auf der Straße sah er einen Hund, der sehr schlecht sehen konnte und dem das Wasser fast in den Augen stand. "Warum weinst du, Bello?" fragte der Esel. Und der Hund erzählte dem Esel, daß sein Herr ihn beinahe totgeschlagen hätte.

"Komm doch mit!" sagte der Esel. Und sie gingen gemeinsam weiter. Später sahen sie noch eine Katze und einen Hahn, die beide großen Ärger mit ihrem Bauern hatten. Die gingen mit.

Abends, als die vier schlafen wollten, sah der Hahn ein Haus. Und weil alle großen Durst und Hunger hatten, sagte der Hund: "Laßt uns doch einmal sehen, ob es da etwas umsonst zu trinken und zu essen gibt."

Sie sahen durch das Fenster und erblickten vier Ganoven, die ausgiebig tranken und aßen. Sie gingen in das Haus und begannen zu singen, so daß die vier Kerle ganz verrückt und rund-

und reinweg nerbelo wurden und tacko plete beschten.

Der Keilof und seine Kumpels stürzten sich auf die Lowinen und auf die Achile - und spachtelten und schickerten, bis sie die Plautze hamel voll hatten. Dann wollten sie poofen. Der Esel haute sich auf den Kniest, der Keilof hinter die Tür, die Matschka annen Jack, der Baschlo auf'n Balken.

Als die vier Boofken später nach ihrem Backs dibberten und rointen, ob alles ruhig war, laberten sie: "Wir sind doch keine Nerbeloköster, wir lassen uns doch nich kolone machen!" Einer sollte losschemmen und ausbaldowern, was in dem Beis zugange war.

Der Seeger teilachte zu dem Beis und schemmte inne Küche, wo die Matschka am Jack firchte. Der Bunke dibberte ihre Döppen, hielt die Klüsen aber für Kohlen - und hielt ein Stickken dran. Die Matschka verstand aber lau Jontef und zerkratzte ihm das Ponum. Der Bunke wollte durch die Tür plete beschen, aber da biß ihm der Juchelo in die Zohmen, der Esel dellte ihm den Tokus, und der Baschlo rackewelte "kikeriki!"

Da nahm der Seeger die Zohmen inne Feme und peselte wie meschugge los zu den anderen Boofken. "In dem Beis", so laberte er ihnen, "sitzt ein schofles Anim, das hat mir mitte Feme

um närrisch wurden und schnell wegliefen.

Der Hund und seine Kameraden stürzten sich auf das Bier und das Essen - und aßen und tranken, bis sie den Bauch randvoll hatten. Dann wollten sie schlafen. Der Esel legte sich auf den Mist, der Hund hinter die Tür, die Katze an das Feuer, der Hahn auf den Balken.

Als die vier Ganoven später nach ihrer Herberge sahen und guckten, ob alles ruhig war, sagten sie: "Wir sind doch keine Dummköpfe, wir lassen uns doch nicht verrückt machen!" Einer sollte losgehen und herausfinden, was in dem Haus los war.

Der Mann lief zu dem Haus und ging in die Küche, wo die Katze am Feuer schlief. Der Mann sah ihre Augen, hielt die Augen aber für Kohlen - und hielt ein Streichholz daran. Die Katze jedoch verstand keinen Spaß und zerkratzte ihm das Gesicht. Der Mann wollte durch die Tür weglaufen, aber da biß ihm der Hund in die Beine, der Esel trat ihm in den Hintern, und der Hahn schrie "kikeriki!"

Da nahm der Mann die Beine in die Hand und lief wie verrückt zu den anderen Ganoven. "In dem Haus", so erzählte er ihnen, "sitzt ein böses Mädchen, das hat mir mit der Hand das

die Schmiege verkasematuckelt. Hinter der Tür steht ein Makker mit ner Plotte, der hat mich in den Flunken geburkt. Auf dem Hof pooft ein Nerbelofreier, der hat mich mit 'nem Knüppel gedellt. Und oben auf dem Beis hockte die Schmier und schmuste: Her mit dem Boofken!"

Die vier Bunken gingen stiften. Aber die Schallermänner fanden es so jovel, daß sie in dem Beis blieben. Und wenn sie nicht mulo sind, dann leben sie noch heute ambach.

Gesicht zerkratzt. Hinter der Tür steht ein Mann mit einem Messer, der hat mich ins Bein gestochen. Auf dem Hof schläft ein Verrückter, der hat mich mit einem Knüppel geschlagen. Und oben auf dem Haus stand die Polizei und schrie: "Her mit dem Ganoven!"

Die vier Ganoven machten sich aus dem Staub. Aber die Stadtmusikanten fanden es so schön, daß sie in dem Haus blieben. Und wenn sie nicht gestorben sind, dann leben sie noch heute dort.

b. Balladen

5. CHARLO-BALLADE

Wer juchelt so spät durch die Meimelatur?/ Was kneistern die Döppen, ein Hacho nur./ In der Feme er fest seinen Koten hält, / damit der Jölbst nicht vom Zossen fällt.

Mein Sohn, was machst Du für ein moriges Ponum? / Oh Vater, im Beis gibts gleich hamel Bambonum./ Der Osnik schmust schon kimmel Uhr: / ach läge ich in der Firche nur.

Mascheminus, Du machst mich kolone. / Die Alsche schmust oser laulone. / Tschi oser, Du kennst sie doch

(Wer reitet so spät durch Nacht und Wind? / Es ist der Vater mit seinem Kind; / Er hat den Knaben wohl in dem Arm, / Er faßt ihn sicher, er hält ihn warm.

Mein Sohn, was birgst du so bang dein Gesicht? - / Siehst, Vater, du den Erlkönig nicht? / Den Erlenkönig mit Kron' und Schweif? - / Mein Sohn, es ist ein Nebelstreif. -

"Du liebes Kind, komm, geh mit mir! / Gar schöne Spiele spiel' ich mit dir; / Manch' bunte Blumen sind an

genau, / auf jut Meter zirocht sie den Schabau.

Sie muckert ömmes die Figine, / Du hegst ja nicht mal ne Beschine./ Kein Lobi bescht mehr in Deine Gatte,/ gelellt haben sie Dir Deine Patte!

Hättest Du sie verkalibort,/ wäre die Masummes nicht geschort./ Warum mußtest Du so schickern,/ das jovle Lobi zu verklickern,/ mit ne Romdi in die Pofe gehn,/ maschemau, das war nicht schön.

Halts Rösch, Du Koten, ich reune ein Licht,/ muckerst Du die Alsche nicht?/ Die miese Lobbe, den schoflen Blick,/ ich besch plete, ich natsch krick./ Tacko vom Zossen der Hacho steigt:/ teilacht schnell zum Schonterbeis,/ macht die Kabache von innen zu,/ jetzt hat der Knebbel erst mal Ruh.

Die Moral von der Geschicht,/ verschaske Dein toftes Lobi nicht!/ Lass Deine Femen von den Tucken,/ dann brauchst Du auch nicht zu beschukken./ Du Seger, sei doch nicht kolone,/ es bringt kein Massel, tschi laulone./ Denk daran, Du Schauter, maschemau,/ Deine Ische macht es doch für lau./ Appetit holen kannste Dir, Du Kneis:/ Aber achilen mußt Du in Deinen Beis!

dem Strand; / Meine Mutter hat manch' gülden Gewand."

Mein Vater, mein Vater, und hörest du nicht, / Was Erlenkönig mir leise verspricht? - / Sei ruhig, bleibe ruhig, mein Kind! / In dürren Blättern säuselt der Wind. -

"Willst, feiner Knabe, du mit mir gehn? / Meine Töchter sollen dich warten schön; / Meine Töchter führen den nächtlichen Reihn / Und wiegen und tanzen und singen dich ein."

Mein Vater, mein Vater, und siehst du nicht dort / Erlkönigs Töchter am düstern Ort? - / Mein Sohn, mein Sohn, ich seh' es genau; / Es scheinen die alten Weiden so grau. -

"Ich liebe dich, mich reizt deine schöne Gestalt; / Und bist du nicht willig, so brauch' ich Gewalt." - / Mein Vater, mein Vater, jetzt faßt er mich an! / Erlkönig hat mir ein Leids getan! -

Dem Vater grauset's, / er reitet geschwind, / Er hält in Armen das ächzende Kind, / Erreicht den Hof mit Mühe und Not; / In seinen Armen das Kind war tot.)

6. PLOTTE INNER KOVE

a. Zu Dionys, dem Schauterer, belg-
te Mörus, die Plotte in' ner kove. Was
will' s mit der Plotte, Seegers, schmuß?
rakawelte der brastige Schauter. Den
schoflen Jucholo den Poller makei-
men! Dafür maloch ich Dich mulo!
Und so böschte er emmös marole.

b. Zu Diones, den schofelen Freier,
schlich Müros, die Plotte inne Kowe.
Ihn katschte die Husche. Was wils Du
mit die Plotte? Schmaus! rakkerwehlte
mies den brastigen Freier. Den Seeger
den Polter makeimen! So böschte den
Seegers emmes inne Matschofe.

(Zu Dionys dem Tyrannen schlich
Damon, den Dolch im Gewande. Ihn
schlugen die Häscher in Bande. Was
wolltest du mit dem Dolche, sprich!
Entgegnet ihm finster der Wütherich.
"Die Stadt vom Tyrannen befreien!"
Das sollst du am Kreutze bereuen.)

B. Eigenständige Gedichte

7. KOTERIE

Der alte Schauter durch die Straße
schemmt, wo er als Koten oft geflemmt.
Wenn die Asse beschte in die Finete,
und sie natschkriten nix wie plete.
Jetzt reunt der Seger Wuddis nur, von
spielenden Kotens keine Spur!
Wo beschen die tikno Tschabos und
Tscheis? Ömmes, am Kneisterkasten
im Beis. Diwern meist nur schofle
Sachen, makeimen, burken, mulo
machen. Das Ponum vom Schauter
schmergelt breit, viel jovler doch war
meine Kotenzeit. Hatten wir auch kein
Lobi in die Chatten, und keine tofte
Kowe wir hatten, im Sommer in der
Chamine, beschten wir ohne Masmine.
Teilachten mit bloßen Zimonsens
umher, die Meierlinge blieben im Ker.
Plümpsen im Schmitzkühlken oder
Haskenau, das war noch Pani, ma-
schemau. Die Hachos, die im Frühjahr
die Matrelen verkalibort, haben im
Herbst wir Kotens geschort. Im Feuer
gebraten schmeckten sie jovel, dage-
gen ist die Achile heute schofel. Aus
Nachbarsgarten Äppel gelellt, hat dem
sein Keilof dann gebellt, dann nichts
wie plete mit der Schore, vor dem Ju-
chelo hatten wir More.

Der alte Mann geht durch die Straße, in der er als Kind oft Fußball gespielt hat. Wenn der Ball dabei ins
Fenster ging, liefen sie davon - nichts
wie weg. Jetzt sieht der Mann nur Autos,
von spielenden Kindern keine Spur!

Wo spielen die kleinen Jungen und
Mädchen? Klar, vor dem Fernseher zu
Haus. Sehen meist nur üble Sachen:
schlagen, stechen, ermorden. Der Kerl
lacht über das ganze Gesicht - wieviel
besser war doch meine Kindheit. Hatten wir auch kein Geld in der Tasche
und keine gute Kleidung - im Sommer
gingen wir in der Hitze ohne Schuhe.

Gingen mit nackten Füßen herum,
die Schuhe blieben im Haus. Badeten
im Schmitzkühlken oder in der Haskenau, das war noch Wasser, maschemau. Die Bauern, die im Frühjahr die
Kartoffeln setzten, denen haben wir
Kinder sie im Herbst geklaut. Im Feuer
gebraten schmeckten sie gut, dagegen
ist das Essen heute gar nichts. Aus
Nachbars Garten Äpfel gestohlen.
Dessen Hund hat dann gebellt. Dann
nichts wie weg mit der Beute. Vor dem
Hund hatten wir Angst.

Heini, der Jölbst, konnte sich nicht mehr verpissen, da hat ihn der Keilof in den Tokus gebissen. Die Plinte machulle lau oser Figine, Makeime gab's auch noch in der Bendine. Hame viel Kotens gab es in jedem Ker, kimmel, dollar und noch mehr. Die Masummes verdiente der Alte allein, im Beis mußte die Alsche sein. Wenn das heute auch ambach wär, gäb es das Kotenproblem nicht mehr!

In den Ferien nach den Süden - oser, lau, kein Heib, mit der Letze in die Gebiete juchelten wir zum Hockenden Weib.

Brauchten keine More haben, daß uns ein Wuddi überfuhr, reunten auf der Strehle meistens Zossen nur. Auch der Seger im Teuto war unser Ziel, wir poften beim Charlo, das schuckte nicht viel. So juchelten wir durch die jovle Natur, von Umweltverschmutzung keine Spur.

Der Schauter aus Kindheitsträumen erwacht, zwei Wuddis sind eben zusammengekracht. Er schmust vor sich hin, ich werd noch kolone, möchte jetzt kein Koten sein, niemals, laulone. Er teilacht in seine Stammbediene, schikkert bedächtig seine Lowine. Piert einen Sorro hinterher, schmust, alles ist Schonte wie im Chinneker.

Ihr Romdis und ihr Hegels, dieses Jahr ist für die Koterie, muckert, reunt

Heini, der Kerl, konnte sich nicht mehr davonmachen, da hat ihn der Hund in den Hintern gebissen. Die Hose war - ehrlich gesagt - hinüber. Dann gab's draußen auch noch Schläge. Sehr viele Kinder gab es in jedem Haus, drei, vier und noch mehr. Das Geld verdiente der Alte allein, die Frau mußte im Haus sein. Wenn das heute auch so wär', gäb' es das Kinderproblem nicht mehr!

In den Ferien nach dem Süden - nichts da, kein Stück, mit dem Fahrrad fuhren wir durch die Gegend zum Hockenden Weib.

Wir brauchten keine Angst zu haben, daß uns ein Wagen überfuhr. Auf der Straße sahen wir meistens nur Pferde. Auch der Kerl im Teutoburger Wald war unser Ziel, wir schliefen beim Bauern, das kostete nicht viel. So fuhren wir durch die schöne Natur, von Umweltverschmutzung keine Spur.

Der Mann erwacht aus Kindheitsträumen: Zwei Wagen sind eben zusammengestoßen. Er spricht vor sich hin, ich werd' noch verrückt, ich möchte jetzt kein Kind sein, niemals, nein. Er geht in seine Stammkneipe und trinkt bedächtig sein Bier. Trinkt einen Schnaps hinterher, sagt, es sei wie auf der Toilette: alles Scheiße.

Ihr Frauen und Männer, dieses Jahr ist für die Kinder, paßt auf, seht und tut

und tut was für sie. Dies sagt Euch der alte Schautermann, der das von Euch wohl erwarten kann!

etwas für sie. Dies sagt euch der alte Mann, der das von euch wohl erwarten kann.

8. HAMEL BAMBONUM

Bennatz seine Alsche / is ne olle Falsche, / macht hamel bambonum, / hat in ihrem ponum / nen paar schwarze döppen, / will schickermoos abknöppen / und gleich nen heiermann, / noch lieber nen kaffermann.

Sie peselt tacko und stur / durch die meimelatur. / Schon is die schlör plete. / Sie lurt durches fineete / von Tonius seiner katschemme / und schreit: "Ich will ne bemme, / hab roof auf'n end bezinum / vom schassörken, aber stikum. / Hab auch hamel brand, / schuck mir'n schabbau bis zum Rand / unnoch kimmel lowinen, / hab pani inne masminen." Pegelbeschickert teilacht der Feger / wieder nach beis zu ihrem seeger.

Isse nicht jovel, diese Platte? Emmes, denn das ist Masematte.

Bennatz' Frau ist sehr verschlagen und macht viel Ärger. In ihrem Gesicht hat sie ein Paar schwarze Augen. Sie will Geld zum Vertrinken abzweigen - und gleich ein Fünfmarkstück, lieber noch einen Zwanziger.

Sie läuft schnell und stur durch den Regen. Schon ist die Schlampe fort. Sie schaut durch das Fenster der Kneipe von Tonius und schreit: "Ich will eine Schnitte Brot, hab' Hunger auf ein Stück Wurst vom Schweinchen, aber unter der Hand. Ich habe auch großen Durst, gib mir einen Schnaps, voll bis zum Rand, und noch drei Bier. Ich hab' Wasser in den Schuhen." Volltrunken geht die Stromerin wieder nach Haus zu ihrem Mann.

Ist sie nicht toll, diese Platte? Emmes, denn das ist Masematte.

9. BES MAI MAL HEI

Olf, bes, kimmel, dollar, hei!	Eins, zwei, drei, vier, fünf!
Jut = zehn = hei x zwei.	Jut gleich zehn gleich fünf mal zwei.
Nach hei, woff, sögen sowie schess,	Nach fünf, sechs, sieben sowie acht
kommt nach Adam Riese "tess".	kommt nach Adam Riese neun.
Die 10 ist jut, die 20 kaff.	Die Zehn ist jut, die Zwanzig kaff.
Von 11-19 sagst du brav:	Von elf bis neunzehn sagst du brav:
"jut olf", "jut bes" und dann so weiter	Zehn-eins, zehn-zwei und dann so weiter
bis kaff auf dieser Zahlenleiter.	bis zwanzig auf dieser Zahlenleiter.
Hei x olf = heiermann,	Fünf mal eins: ein Fünfer,
bes x jut = kaffermann,	zwei mal zehn: ein Zwanziger,
jut x jütermann = mai,	zehn mal ein Zehner gleich ein Hunderter,
elof = bes mai x hei,	tausend gleich zweihundert mal fünf,
kaff + lammert = schuck "nun".	zwanzig plus dreißig gleich ein Fünfziger.
Für viele müssen's "hei tack" tun.	Für viele müssen fünfzig Pfennige reichen.
So ist das nun auf dieser Welt.	So ist das nun auf dieser Welt.
Alles dreht sich um das Geld.	Alles dreht sich um das Geld.
Hast du lowi, ist das jofel,	Wenn du Geld hast, ist es gut.
hast du klodde, hamel schofel.	Hast du wenig, ist das sehr schlecht.

10. STIKUM SCHOREN

Kalli hatte klodde zaster.	Kalli hatte wenig Geld.
Er malochte auf m schock als ball-	Er arbeitete auf der Kirmes als Gehilfe.
saster.	
Doch das war oser jofel,	Doch das war nicht gerade schön,
denn die bewirche war schofel.	denn die Bezahlung war schlecht.
So tat er stikum schoren	So stahl er heimlich und versteckte
und alles verkalliboren:	alles an einem andern Ort: Beutegut,
Sore, lowi, hamel beschiene	Geld, viele Pfennige.
an einer annern bendine.	Emmes, mit seiner Schaufel
Emmes, mit seiner lapane	konnte er gut umgehen.
konnte er scheften bekane.	Auch hatte er viel Glück.
Auch hatte er hamel massel.	Er bekam selten einmal Ärger.
Er bewirchte oser mal brassel.	Er verkaufte alles in einem andern Dorf,
Er verscherbelte alles im annern kaff,	denn er hatte einen Wandergewerbe-
denn in der chatte hatte er nen kasaf.	schein in der Tasche.

(Gereimte Masematte kommt sonst noch textintegriert vor: T. 2, 58, 68; sieh auch T. 11, 69, 74.)

45

C. Sprichwörter und Redensarten

11. ANDERE BENDINE - ANDERE ANIME

Die meschuggesten Chalos hegen die schumsten Matrelen.

(Die dümmsten Bauern haben die dicksten Kartoffeln.)

Ohne hame Maloche, lau lone.

Ohne Fleiß, kein Preis.

Abends schanägeln die Laumalocher.

Abends werden die Faulen fleißig.

Andere Bendine - andere Anime.

Andere Städtchen - andere Mädchen.

Aller Anfang ist hame Maloche, schmuste der Gannef, und sierftete den Amboß.

Aller Anfang ist schwer, sagte der Dieb, und stahl den Amboß.

Von Schmiege zu Schmiege rakawelen.

Von Angesicht zu Angesicht reden.

Row kommt beim Achilen. Brand haut plete beim Schickern.

Appetit kommt beim Essen. Durst schwindet beim Trinken.

Nach de Maloche ist jofel poofen.

Nach getaner Arbeit ist gut ruhn.

Mit de' Kachelin ausse Poofe.

Mit den Hühnern aufstehen.

Paßt wie die Feme auffe Döppen.

Paßt wie die Faust auf's Auge.

Dollar Rölleken roinen mehr als bes.

Vier Augen sehen mehr als zwei.

Tinnef, Auguste, gasseln mußte.

Unsinn, Auguste, heiraten mußte.

Dem seeger um die Jenne böschen.

Einem um den Bart gehen.

Die rakawele hat ne' ham Jenne.

Die Sache hat einen Bart.

Laß sie mangen scheften, wenn sie Roof haben.

Laß sie betteln gehn, wenn sie Hunger haben.

Mit dem Dohling in de' Fehme teilacht man durch die Bendine.

Mit dem Hute in der Hand kommt man durch das ganze Land.

Wie die Bewirche, so die Maloche.	Wie die Bezahlung, so die Arbeit.
Dies Ponum ist hame korant, lau Klüsen haben das gekneistert.	Dies Bildnis ist bezaubernd schön, wie noch kein Auge je gesehn.
Kappt die Sore, und seid nicht kolone.	Nun greift nur zu, und seid nicht blöde.
Wes Maro ich achile, des Rees ich schallere.	Wes Brot ich eß', des Lied ich sing'.
Wer lau nen' toften Schautermann, den makeim ich den Schero.	Willst du nicht mein Bruder sein, so schlag ich dir den Schädel ein.
Gold ist ein Zirachenanim.	Gold ist eine Chimäre.
Die kotenen Ganeffe kappt man, die Dickbälge teilschen pleete.	Die kleinen Diebe hängt man, die großen läßt man laufen.
Alle rakawelen vom hamen schikkern, lau von Brand.	Man spricht vom vielen Trinken stets, doch nie vom vielen Durste.
Kneister den Seeger.	Ecce Homo.
Olf schofeles Jarriken vermasselt die ganze Achile.	Ein faules Ei verdirbt den ganzen Brei.
Das Jarriken ist oft kochumer als das Kachelin.	Das Ei ist nicht selten klüger als das Huhn.
Er teilacht auf Jarrikes.	Er geht wie auf Eiern.
Der seeger pucht tackoer, als die Mispel peseln kann.	Der lügt schneller, als die Polizei laufen kann.)

47

D. Geschichten
a. Historisches

12. HERMANN UND DIE PALLEMÄNNER

Sie juchelten mit ihrem Wuddi durch die Gebiete. Heini und sein Romdi. Sie wollten das Hermanns-Denkmal im Teuto kneistern. Als sie den Teutonen-Segers muckerten, waren beide hame "beeindruckt" von dem bachus Hermann. Heinis Anim, die keine Zerche von Geschichte hatte, ließ sich von ihrem Makker schmusen, was das mit dem Teutonen-Playboy auf sich hat.

Mit dem großen Käsezachen, den der in seine Feme hält, schmust Heini seinen Anim, hat er die Pallemänner, die aus Rom angeteilacht kamen, hame vermackelt. Weil sie ihm den Teuto schoren wollten. Die Germanen, solche Kawensmänner, waren mit Bellos und Eichmännern bewaffnet. Sie makeimten auf die römischen Heinis drauf. Als die dann noch die tofften Hörner auf den Scheros von die Teutonenmakkers dibberten, da seibelten sie sich vor More in die Plinten ... und natschten krick. Die germanischen Makeimers schmergelten über ihren Sieg, hauten sich auf die Bärenhaut, und da sie von der Mackelei hame Rof hatten, mamf-

Sie fuhren mit ihrem Wagen durch die Gegend. Heini und sein Mädchen. Sie wollten das Hermanns-Denkmal im Teutoburger Wald anschauen. Als sie den Germanenfürsten sahen, waren beide sehr "beeindruckt" von dem steinernen Hermann. Heinis Mädchen, das keine Ahnung von Geschichte hatte, ließ sich von ihrem Freund erzählen, was das mit dem Germanenschönling auf sich hat.

Mit dem großen Käsemesser, das er in seiner Hand hält, erzählt Heini seinem Mächen, hat er die Soldaten, die aus Rom angekommen waren, ganz schön zugerichtet. Weil sie ihm den Teutoburger Wald nehmen wollten. Die Germanen, diese Riesenkerle, waren mit dicken Steinen und Keulen bewaffnet. Sie schlugen auf die römischen Kerle ein. Als die dann noch die schönen Hörner auf den Köpfen der Teutonen sahen, da machten sie sich vor Angst in die Hose ... und zogen sich zurück. Die germanischen Krieger jubelten über ihren Sieg, legten sich auf die Bärenhaut, und da sie durch die

ten sie eine jofle macke Pose und schikkerten Met.

Das war also die Geschichte von Hermann den Cherusker, rakewelte Heini seinem Anim. Die beiden reunten noch mal zu ihm rauf. Mit riesiger Plotte in der Feme steht er da, peilt in die Gebiete, als wolle er schmusen: "Kneistert mich man nur an. Wir waren noch Kerle mit Mumm inne Knochen und nicht solche Schautermänner wie Ihr!"

Keilerei großen Hunger bekommen hatten, aßen sie eine gute Portion Fleisch und tranken Met.

Das war also die Geschichte von Hermann dem Cherusker, erklärte Heini seinem Mädchen. Die beiden sahen noch einmal zu ihm auf. Mit riesigem Messer in der Hand steht er da, schaut ins Land, als wolle er sagen: "Schaut mich nur an. Wir waren noch Kerle mit Kraft in den Knochen und nicht solche Waschlappen wie ihr!"

b. Zeitgeschehen

13. NUN SCHUCK - KOMPARSENMALOCHE

Sie kennen sich seit ihrer Kotenzeit, die bes Schautermänner, Walter und Hermann.

Da die Maloche jetzt laulone ist, haben sie hame viel Zeit und teilachen durch die Strehlen unserer jovlen Stadt. Es gibt ömmes genug zu reunen und zu muckern, was so ambach ist. Kochum, wie sie sind, haben die Schauters schnell intus gekriegt, daß in unsere Stadt gefilmt wird und für einige Szenen Komparsen gesucht werden. "Ömmes", schmust Walter, "da schemmen wir hin. So auf Figine mimen ist

Sie kennen sich seit ihrer Kindheit, die beiden Kerle, Walter und Hermann.

Da es mit der Arbeit jetzt vorbei ist, haben sie sehr viel Zeit, um durch die Straßen unserer schönen Stadt zu schlendern. Es gibt nämlich genug zu sehen und zu beobachten, was so los ist. Gescheit wie sie sind, haben die Männer schnell herausbekommen, daß in unserer Stadt gefilmt wird und für einige Szenen Komparsen gesucht werden. "Klar", sagt Walter, "da gehen wir hin. So zu schauspielern ist *doch tofte, und ausserdem bewirchen wir auch Schickermoos."*

Im Stadtbeis, wo der Filmseger ambach war, beschten hame viel Geuen und Schetze, welche sich auch die Masummes mitnehmen wollten. Wenn sie schwarze Kowe hegten, könnten die bes mitmachen, schmuste der Seger. Ömmes, die war ambach, vom Obermann bis zu den Masminen. "Und wenn es sein muss", rakelt Hermann, "teilache ich auch mit schwarzen Zimonsens." Da schmergelte der Seger über sein ganzes Löw.

Am nächsten Morgen juchelten sie mit dem Wuddi nach Telgte, wo ne Beerdigung gefilmt wurde und sie aus Figine auf Trauer mimen mussten. Vor dem Mulobeis mussten sie beschen, um dann auf ein Zeichen loszuteilachen. Mascheminus, das wiederholte sich wohl jut mal, und der Filmjölbst war immer noch nicht zufrieden, da die Ischen und Hegels in die Kamera reunten beim vorbeischemmen, damit sie später im Kneisterkasten ihr Ponum diwern. Erst als der Filmseger mies wurde und Bambonum machte, masselte es.

In einer Hachokatschemme in der Nähe vom Monte Scherbelino ging die ganze Mispoke noch einmal los. Herein ins Beis, heraus aus dem Beis, Kaftert aus, Kaftert an. Maschemau,

doch prima, und außerdem bekommen wir auch Geld zum Vertrinken dafür."

Im Stadthaus, wo der Filmproduzent tätig war, liefen sehr viele Frauen und Männer herum, die sich auch das Geld nicht entgehen lassen wollten. Wenn sie schwarze Kleidung hätten, könnten die beiden mitmachen, sagte der Mann. Klar, die war da - vom Hut bis zu den Schuhen. "Und wenn es sein muß", sagte Herman, "komme ich auch mit schwarzen Füßen." Da grinste der Mann über sein ganzes Gesicht.

Am nächsten Morgen fuhren sie mit dem Auto nach Telgte, wo eine Beerdigung gefilmt wurde und sie Trauer vortäuschen mußten. Sie sollten sich vor das Totenhaus begeben, um dann auf ein Zeichen hin loszugehen. Mascheminus, das wiederholte sich wohl 10 mal, und der Kerl vom Film war immer noch nicht zufrieden, da die Frauen und Männer beim Vorbeigehen in die Kamera starrten, damit sie später ihr Gesicht im Fernsehen sehen könnten. Erst als der Kerl vom Film böse wurde und Ärger machte, ging es.

In einer Bauernkneipe in der Nähe vom Monte Scherbelino ging das ganze Theater noch einmal los. Herein ins Haus, heraus aus dem Haus, Mantel aus, Mantel an. Maschemau, da wird *da wird man ja nerwelo. Nerven wie Eisenbahnschienen muss man haben. Das Film-Anim Sabine muckerte Hermanns Rakewele und schmuste zu ihm: "Einfach herrlich, wie Sie das sagen", und ein Schmergeln verklärte Sabinchens süsses Muiken.*

Inzwischen hatte man hame Rof gekriegt, und das Kneisanim beschte mit Erbsensuppe und Bezinum, für das man oser besolmen brauchte. Da muckerte man die Lauschöpper, wie sie die Achile hinein mampften. Jovle Schmukkillen waren später noch ambach, die aber nur während der Filmerei achilt werden durften. Masselte die Aufnahme nicht, musste man die Knirften wieder auf den Teller beschen. Das war ne Achilerei in Zeitlupe.

Endlich war der Filmjölbst zufrieden, und die Aufnahme war mulo, wie man beim Film so schmust. Walter kneisterte auf seine Kabane, mascheminus, schon hame spät geworden, wir holen uns die Masummes und beschen in die nächste Katschemme. Nun-Schuck bewirchten sie für ihre Komparsen-Maloche und hatten jetzt tofte Schaskelobi in die Chatten. Manchen Sorrof und Luwine pierten die beiden Schautermänner.

Sollte in Münster mal wieder was ambach sein, ömmes bekane, dann sind die bes dabei. Schicker kamen sie nach

man ja verrückt. Nerven wie Eisenbahnschienen muß man haben. Das Film-Mädchen Sabine bemerkte Hermanns Gerede und sagte zu ihm: "Einfach herrlich, wie Sie das sagen", und ein Lächeln verklärte Sabines süßes Gesichtchen.

Inzwischen hatte man großen Hunger bekommen, und das Bauernmädchen kam mit Erbsensuppe und Wurst, wofür man nicht zu bezahlen brauchte. Daran, wie sie das Essen verschlangen, erkannte man die Schmarotzer. Schöne Butterbrote waren später noch da, die aber nur während der Filmarbeit gegessen werden durften. Gelang die Aufnahme nicht, mußte man die Butterbrote wieder auf den Teller legen. Das war ein Essen in Zeitlupe.

Endlich war der Mann vom Film zufrieden, und die Aufnahme war gestorben, wie man beim Film so sagt. Walter sah auf seine Uhr. Mascheminus, schon sehr spät geworden, wir holen uns das Geld und gehen in die nächste Kneipe. 50 Mark erhielten sie für ihre Komparsen-Arbeit und hatten jetzt ein schönes Trinkgeld in der Tasche. Manchen Schnaps und manches Bier tranken die beiden Kerle.

Sollte in Münster einmal wieder etwas los sein, klarer Fall, dann sind die zwei natürlich dabei. Betrunken

Beis. Filmstars können sie noch wer-
den, oder nerwelo, wer weiss?

kamen sie nach Hause. Filmstars können sie noch werden oder verrückt, wer
weiß?

14. REFORM ACHILT IHRE BLAGEN

Nu isses soweit: die Reform achilt
ihre Blagen - oder wie man so labert.
Was die Obermackers in Düsseldorf
da ausgeheckt haben und wasse uns als
"kommunale Neuordnung" verkase-
matuckeln, dat is nu zugange. Münster
langt nicht mehr nur von Mecklenbeck
bis Kotenbeis - auch die ganzen Kuh-
käffer ringsherum hamse kassiert:
Hiltrup und Handorf, Roxel und Wol-
beck.

Daß die mit diesen Fisematenten
Lobi sparen können, kannste höchstens
einem schmusen, der kolone oder ner-
belo ist. Statt dessen haben die ganz
schön Bambonum.

Zum Beispiel der Obermacker von
der Stadtverwaltung, der Doktor Fech-
trup, der hat für seine Schreibtisch-
Malocher jetzt zwei Beiskes, eins anne
Clèmensstraße und eins annen Ludge-
riplatz. Wenn der mal mit seine Abtei-
lungs-Seegers, was die Amtsleiter sind,
rackawelen will, ist jetzt immer ne
Dienstreise fällig. Und den Vorzim-

Nun ist es soweit: Die Reform frißt
ihre Kinder - oder wie man so sagt.
Was die Oberen in Düsseldorf sich da
ausgedacht haben, und was sie uns als
"kommunale Neuordnung" verkaufen,
das läuft jetzt. Münster reicht nicht
mehr nur von Mecklenbeck bis Kinderhaus - auch die ganzen Kuhdörfer
ringsumher haben sie angegliedert:
Hiltrup und Handorf, Roxel und Wolbeck.

Daß sie mit diesen Unsinnigkeiten
Geld sparen können, kannst du höchstens einem erzählen, der verrückt oder
närrisch ist. Statt dessen hat das ganz
schön Ärger gegeben.

Zum Beispiel der Chef der Stadtverwaltung, der Doktor Fechtrup, der hat
jetzt für seine Schreibtisch-Arbeiter
zwei Häuser, eines an der Clemens-
straße und eines am Ludgeriplatz. Wenn
der einmal mit seinen Abteilungsleu-
ten, das sind die Amtsleiter, reden will,
ist jetzt immer eine Dienstreise fällig.
Und den Vorzimmerdamen muß er

mer-Ischen muß der bestimmt bald ne Leetze blechen ...

Und von wegen, daß die rationalisieren. Letzte Woche hat der Chef von den städtischen Schautermännern, dieser Doktor Fechtrup, den Ratsherren schon verknickert, daß er 140 neue Kumpels braucht, weil se sonst die Maloche nich mehr schaffen.

Und die so inne Stadtverwaltung sind, die malochen ja auch nich für Kotenmoos, die kriegen ja lang Schotter. Und unsereins muß das wieder alles blechen. Der Schotter-Schultz, der für die städtischen Penunzen zuständig ist, hat letzte Tage ja schon geschmust, daß er wieder nen Bock auf ne Steuererhöhung hätte. Mehr Gebühren wollense auch, für Pani und so. Also wenne mich fragst: schöne Schonte.

bestimmt bald ein Fahrrad finanzieren.

Und von wegen Rationalisierung. Letzte Woche hat der Chef der Stadtleute, dieser Doktor Fechtrup, den Ratsherrn schon beigebracht, daß er 140 neue Mitarbeiter braucht, weil sie sonst die Arbeit nicht mehr schaffen.

Und die in der Stadtverwaltung tätig sind, die arbeiten auch nicht für Kleingeld, die bekommen richtiges Geld. Und unsereins muß das wieder alles bezahlen. Der Geld-Schultz, der für die städtischen Finanzen zuständig ist, hat in den letzten Tagen ja schon verlauten lassen, daß er wieder Lust auf eine Steuererhöhung hätte. Mehr Gebühren wollen sie auch, für Wasser und so weiter. Also wenn du mich fragst: schöne Scheiße.

15. NEN JOVLEN STIEFEL GEFLEMMT

Seit Hermann Lulka die Masminen an den Nagel gehängt hat, bin ich nicht mehr aufm Preußen gewesen. Ich konnte nich mehr anne Döppen haben - wirste ja ganz nerwelo, wennde immer bekneistern muß, wie die Preußen ein Spiel nachm anderen verkimmeln.

Seit Hermann Lulka die Schuhe an den Nagel gehängt hat, bin ich nicht mehr bei den Preußen gewesen. Ich konnte es nicht mehr an den Augen haben. Man wird ja ganz verrückt, wenn man immer mit ansehen muß, wie die Preußen ein Spiel nach dem anderen verlieren.

Früher waren die Preußen ja mal hamel toffte. Mein Vater rackewelte immer noch von 1951, als Fiffi Gerritzen und Sigi Rachuba noch [...]. Die haben ja nen jovlen Stiefel geflemmt, da lief die Asse wien Döppken über den Platz.

Aber seit die Preußen ausse Bundesliga vermackelt haben, war ja nicht mehr viel los - Blöde Pöhlerei.

Aber seit die den neuen Obermakker ham, den Rudi Faßnacht, sindse wieder hamel im kommen. Acht Spiele haben sie hinternander gewonnen, bisse dann gegen Bayer Leverkusen auf eigenem Platz verkimmelt haben. Kerl, kannste doch am Schere nich haben! Kriegste doch pani inne döppen.

Aber dann hamse den Schwarz-Weißen aus Esse ja mal gezeigt, was ne Harke ist. Maschemau, haben die Zuschauer gereunt, als der mit latschen die Asse inne Maschen geflemmt hat.

Früher waren die Preußen ja einmal sehr gut. Mein Vater erzählte immer noch von 1951, als Fiffi Gerritzen und Siggi Rachuba noch [...]. Die haben ja einen schönen Ball gespielt, da lief der Ball flink wie ein Kreisel über den Platz.

Aber seit die Preußen aus der Bundesliga abgestiegen sind, war ja nicht mehr viel los. Nichts als schlechte Spiele.

Seitdem die jedoch den neuen Boß haben, den Rudi Faßnacht, sind sie wieder sehr im Kommen. Acht Spiele haben sie hintereinander gewonnen, bis sie dann gegen Bayer Leverkusen auf eigenem Platz verloren haben. Mann, das kannst du doch am Kopf nicht haben. Da tritt einem doch das Wasser in die Augen.

Aber dann haben sie den Schwarz-Weißen aus Essen ja einmal gezeigt, was eine Harke ist. Maschemau, was haben die Zuschauer geguckt, als der mit seinen Schlappen den Ball in die Maschen gedonnert hat.

16. WIBBELDINGS INNE MAIMELATUR

Es war letzten Freitag, nach de Maloche. Wir hatten Schotter gekriegt, der Otto und ich. Und wie das so is: wenn der Otto Lobi inne Feme hat, dann haut er immer aufn Putz. Wir also ins nächste Fuselbeis und ordentlich einen gepichelt. Dauerte nich lange, da warn wir hamel schicker. Und der Kower hat uns rausbugsiert.

"Wird auch Zeit, daßte inne Poofe kommst", hab ich gedacht, aber der Otto stand noch nicht auffe Firche. Er wollte noch inne Marina-Baar, wo die scharfen Aniems immer rumscharwenzeln und wo de fürne Lowine und nen Quini immer gleich nen Heiermann blechen muß.

Es war zappenduster, und maimeln tats auch. Aber Otto war nich zu bremsen. Wir schemmen also von der Prinzipalmarkt-Kaschemme Richtung Bahnhof, da wird der Otto plötzlich kolone. Anne Engelenschanze. Mensch, schmust er, haste das gedibbert? Ich kneister durch die Büsche - hab aber nix gemuckert außer son paar Seegers, die sich da auffe Bank rumlümmeln, son paar Pennbrüder und Tippeljöner. "Nä", schmust Otto, "reun doch mal das Wibbeldings da!" Ich lins noch mal durch die Gegend, und was muk-

Es war letzten Freitag, nach der Arbeit. Wir hatten Geld bekommen, der Otto und ich. Und wie das so ist: Wenn der Otto Geld in der Hand hat, dann läßt er die Puppen tanzen. Wir also in das nächste Wirtshaus und kräftig einen getrunken. Es dauerte nicht lange, da waren wir sehr betrunken. Und der Wirt hat uns hinausbegleitet.

"Wird auch Zeit, daß du ins Bett kommst", habe ich gedacht, aber der Otto wollte noch nicht ins Bett. Der wollte noch in die Marina-Bar, wo die scharfen Mädchen immer herumscharwenzeln und wo du für ein Bier und einen Schnaps immer gleich 5 Mark zahlen mußt.

Es war stockdunkel, und es regnete auch. Aber Otto war nicht zu bremsen. Wir gehen also von der Prinzipalmarkt-Kneipe Richtung Bahnhof, da dreht Otto plötzlich durch. An der Engelenschanze. Mensch, sagt er, hast du das gesehen? Ich guck' durch die Büsche - hab' aber nichts bemerkt außer ein paar Kerlen, die sich da auf der Bank herumdrücken, so ein paar Stadtstreicher und Vagabunden. "Nein", sagt Otto, "schau doch mal das 'Wibbeldings' da!" Ich guck' noch einmal in der Gegend herum, und was seh' ich -

ker ich - eumelt doch da son Dingsda durch die Maimelatur. Otto hatte schon nen ganz schofles Ponum: er wußte auch nicht, was da am friemeln war.

Otto wollte mir gerade schon verknickern, das wär son Hubschrauberlandeplatz. Aber da fiel mir ein, was ich inne Zeitung gemuckert hatte. Ich schieb mir also ne Fluppe in die Gosche und versuch ihm zu verknickern, daß das da ein "Kunstwerk" is. Aber da wurde Otto völlig nerbelo. "Du alten Laberkopp", raunzt der mich an, "da bis wohl meschugge, wills mich wohl verkackeiern." Aber dann habe ich ihm verkasemuckelt, daß das Wibbeldings von son Ami stammt. "Und für dieses Wibbeldings ham die 130 000 Steine berappt? Ne, das geht in mein Schero nich rein."

Wir stehen da so zu labern, kommt da son Anim vonne Spätschicht vorbei, war wohl vonne Engelstraße übergeblieben. Schmeißt die sich gleich an den Otto ran und fängt an zu schäkern: "Na, Süßer, wie wärs denn mit uns beiden?" Otto bekneistert die Kaline von oben bis unten, schüttelt die Birne und schmust: "Ich bin doch nicht schikker - aber du kanns dir nen Blauen verdienen, wennde mir verknickern kannst, wofür der Eisen-Friemel da gut is." Die Ische streckt gleich die Feme hin: "Tu den Schotter man hier,

bewegt sich doch da so ein Ding im Regen. Otto machte schon ein ganz dummes Gesicht. Auch er wußte nicht, was sich da ineinander bewegte.

Otto wollte mir gerade schon weismachen, daß das ein Hubschrauberlandeplatz wäre. Aber da fiel mir ein, was ich aus der Zeitung erfahren hatte. Ich stecke mir also eine Zigarette in den Mund und versuche ihm auseinanderzusetzen, daß das da ein Kunstwerk ist. Aber da drehte Otto völlig durch. "Du alter Quatschkopf", schnauzt er mich an, "du bist wohl verrückt, willst mich wohl verkohlen." Aber dann hab' ich ihm erklärt, daß das "Wibbeldings" von einem Amerikaner stammt. "Und für dieses 'Wibbeldings' haben die 130 000 Mark bezahlt? Nein, das geht in meinen Kopf nicht rein."

Wie wir so stehen und reden, kommt da so ein Mädchen von der Spätschicht vorbei, das wohl von der Engelstraße übriggeblieben war. Sie macht sich gleich an den Otto heran und fängt an zu flachsen: "Na, Süßer, wie wär's denn mit uns beiden?" Otto guckt sich das Mädchen von oben bis unten an, schüttelt den Kopf und sagt: "Ich bin doch nicht betrunken - aber du kannst dir einen Hunderter verdienen, wenn du mir erklären kannst, wozu der Eisenfriemel da gut sein soll." Das Mädchen hält gleich die Hand auf:

das kann ich dir wohl verkasematuk-
keln. Da is das Beamten-Denkmal."
Otto kneistert ganz belämmert: "Be-
amten-Denkmal?" Aber das Aniem war
auf Zack: "Ist doch klar: Hat immer ne
blanke Patte, dreht sich im Kreise und
is zu nix nutze."

"Gib das Geld mal her, das kann ich Dir
wohl erklären. Das ist das Beamten-
Denkmal." Otto schaut dumm aus der
Wäsche: "Beamten-Denkmal?" Aber
das Mädchen war auf Draht: "Ist doch
klar: Ist immer wie aus dem Ei gepellt,
dreht sich im Kreis und ist zu nichts zu
gebrauchen."

17. TRALLAFITTI AUFFE TIPPELSTRELE

Meine Plinte war im Eimer, die
Masminen hatten ne Macke. Also
schemm ich letzten Samstag inne Stadt,
für neue Klamotten. Dachte: Machst
dir nen toften Morgen. Erst nach Kla-
motten-August, dann zu dem Masmi-
nen-Mänglowierer - und dann ab inne
Masminen-Pünte, ne jovle Lowine
packen mit den Kumpels vonne Malo-
che.

Mensch, maschemau, da war viel-
leicht nen Trallafitti inne Stadt. Inne
Tippel-Strele, die wo Salzstraße heißt,
war schwer was ambach. Anne Domi-
nikaner-Tiftel standen son paar rote
Seegers mitte Flüstertüte. Wollten mir
ne Zeitung verscherbeln. Aber da warn
die bei mir aufm falschen Dampfer. Ich
bin noch nicht nerwelo. Hinterher fehlt
mir der Schotter für die Plinte oder -
was noch schofeler wär - für die Lowi-
nen...

Die Hose war hinüber, die Schuhe
hatten ein Loch. Also ging ich letzten
Samstag in die Stadt, um neue Sachen
zu besorgen. Ich dachte: Machst du dir
einen schönen Morgen. Erst zu "Kla-
motten-August", dann zum Schuhma-
cher - und dann ab zu 'Schuh-Kahn',
ein Bier trinken mit den Kumpels von
der Arbeit.

Mensch, maschemau, da war vielleicht ein Spektakel in der Stadt. In der
Fußgängerzone, die Salzstraße heißt,
war viel Trubel. An der Dominikaner-
kirche standen ein paar Rote mit Mega-
phon. Die wollten mir eine Zeitung
verkaufen. Aber da waren die bei mir
an der falschen Adresse. Ich bin doch
nicht verrückt. Hinterher fehlt mir das
Geld für die Hose oder - was noch
schlimmer wäre - für das Bier ...

Anne Lamberti-Tiftel war ne ganz schöne Kamine. Da war die Luft durchsetzt mit son paar Pennbrüder und Tippeljöner. Einer hatte schon hamel was gepichelt, der saß da pegelschikker auffe Strele, streckte seine Schweißmauken inne Gegend und ratzte wie'n Sägewerk-Malocher.

Und erstmal inne Ludgeri-Strele, maschemau. Versucht da doch son langhaariges Juso-Anim son alten Seegers zu verknickern, daß die Schicksen mehr Schmackes haben müßten - von wegen Emarzipanton oder so. Aber der Alte wollte da nix von anne Lauscher haben: Sollte erst mal nen paar Jahre malochen, hat er ihr rackewelt, statt hier son Tinnef zu labern.

Auch bei de Tiftel-Seegers vonne CDU war hamel was ambach. Wollte einer wissen, ob se den Holzhacker-Macker ausse CSU nich endlich in Tabak schießen könnten. Aber da dibberte der Freier vonne Schwatten vielleicht mies: Der Franz-Josef wärn tofter Kneis und Kumpel, könnte der doch nicht für, wenn die andern immer son Rochus auf ihn hätten.

Kaum warste wieder nen paar Meter gelatscht, wurdeste von den nächsten Freier angesabbelt. Diesmal wars einer vonne Liberalen, wollte was vonne FDP schmusen. Aber dem habe

An der Lamberti-Kirche ging es ganz schön heiß her. Da war es voll von Stadtstreichern und Vagabunden. Einer hatte schon sehr viel getrunken, der saß dort volltrunken auf der Straße, streckte seine Schweißfüße aus und schnarchte wie ein Sägewerker.

Und erst einmal auf der Ludgeristraße, maschemau. Versucht da doch eine langhaarige Juso-Frau einen alten Mann zu überzeugen, daß die Frauen mehr Dampf machen müßten - von wegen Emanzipation oder so. Aber der Alte hatte dafür kein offenes Ohr. Sie solle erst einmal ein paar Jahre arbeiten, hat er ihr erzählt, anstatt hier einen solchen Blödsinn zu erzählen.

Auch bei den Kirchenmännern von der CDU war sehr viel los. Einer wollte wissen, ob sie den Holzhacker aus der CSU nicht endlich dahin schicken könnten, wo der Pfeffer wächst. Aber da guckte der Mann von den Schwarzen vielleicht böse: Der Franz-Josef wäre ein netter Kerl und Kumpel, es wäre doch nicht seine Schuld, wenn die anderen stets einen Groll auf ihn hätten.

Kaum warst du wieder ein paar Meter gelaufen, wurdest du von dem nächsten Mann angesprochen. Diesmal war es einer von den Liberalen, der etwas über die FDP erzählen wollte.

ich gleich verkassematuckelt, daß ich mit Politik nix am Hut hätte. Da hat der mir noch sonne Laber-Fleppe inne Feme gedrückt. Sollte ich mal durchlesen, hatter geschmust.

Aber dem habe ich gleich erzählt, daß ich mit Politik nichts am Hut hätte. Da hat er mir doch einen Wisch in die Hand gedrückt. Sollte ich einmal durchlesen, hat er gesagt.

18. KEINEN BALLERMANN INNE ZOMEN

"Schonte!" rackewelte Egon und ballerte mitte Feme aufn Tresen, "jetzt ham die Schauters schon wieder verkimmelt." Egon war hamel brastig. Erst raunzte er die Kowerine an ("Los, tu mich noch ne Lowine und nen Quini!"), dann kriegte er Kniest mit sein Anim, Schofle Schickse ("Wennste noch mal mit dem Seegers schäkerst, kannste nach Beis böschen!"), und schließlich machte er auch noch Stoff mitte Jachelos inne Pinte ("Ihr habt ja alle keine Zerche, ihr seid ja nerwelo"). Und das alles wegen de Preußen.

Egon war am Freitagabend gleich nache Maloche zum Preußenplatz geschemmt, wo die Preußen gegen die Arminen aus Bielefeld pöhlten. Eigentlich fing der Schlamasel schon auffen Hammer Patt an. Da ging nämlich Egons Knetemann in Tott, und Egon mußte die Leeze schieben. Dann fing's an zu meimeln, das Pani tröppelte ihm nur so den Schero runter; und als Egon

"Mist!" sagte Egon und schlug mit der Hand auf den Tresen, "jetzt haben die Kerle schon wieder verloren." Egon war sehr ärgerlich. Erst schnauzte er die Wirtin an ("Los, mach' mir noch ein Bier und einen Schnaps!"), dann bekam er Streit mit seinem Mädchen - blöde Kuh ("Wenn du noch einmal mit dem Kerl flirtest, kannst du nach Hause gehen!"), und schließlich fing er auch noch mit einigen Hundskerlen in der Kneipe Streit an ("Ihr habt ja alle keine Ahnung, ihr seid ja verrückt"). Und das alles wegen der Preußen.

Egon war am Freitagabend gleich nach der Arbeit zum Preußenplatz gefahren, wo die Preußen gegen die Arminen aus Bielefeld spielten. Eigentlich fing der Ärger schon auf der Hammer Straße an. Da ging nämlich Egons Fahrrad kaputt, und Egon mußte das Rad schieben. Dann fing es an zu regnen, das Wasser lief ihm nur so am Kopf herunter; und als Egon am Sta-

am Stadion angetigert kam, war die
Plinte pitschnaß, und das Pani stand
ihm inne Masminen. Kaum hatte er
fürn Stehplatz inne Kurve gelönt, da
ging die Schonte schon weiter: Egon
wollte sich ne Lowine schickern und
nen toften End Bezinnum frengeln -
aber er konnte nicht mehr beschucken:
er hatte bloß noch Kotenmoos inne
Patte.

Egon latsche also mitte nasse Bosse
aufn Stehplatz. Und kommt neben son
Figinenschieber aus Bielefeld zu stehen, der da mit seine Kaline herum-
scharwenzelt und dann noch ne dicke
Lippe riskiert. Schmust der seinem
Arnim, daß die Mackers aus Münster
keinen Ballermann inne Zomen hätten.
Egon hätte dem Hegel am liebsten das
Ponum vermakkelt - wenn ihm die Feme
nicht so kalt gewesen wär.

Dann fing die Flemmerei an. Es
dauert kaum zehn Minuten, da gibt
dieser miese Bunke von Schiedsrichter
den Bielefeldern ne Ecke - wo doch
einer von denen noch ne Quante da-
zwischengehabt hatte. Der Schautermann von Linksaußen prescht anne
Ecke und tritt die Asse mit son miesen
Hammer innen Sechzehnmeter, daß son
anderer Freier bloß noch die Birne
hinhalten muß - und reune: die Kirsche
ist inne Maschen. Egon war schwer am
Toben: "Der Kipper pennt ja. Steht der

dion ankam, war die Hose völlig durch-
näßt, und das Wasser stand ihm in den
Schuhen. Kaum hatte er für einen Stehplatz in der Kurve bezahlt, da ging der
Mist schon weiter: Egon wollte ein
Bier trinken und ein schönes Stück
Wurst essen - aber er konnte nicht mehr
bezahlen. Er hatte bloß noch Kleingeld
in der Tasche.

Egon ging also mit der nassen Hose
zu seinem Stehplatz. Und steht schließlich neben einem Aufschneider aus
Bielefeld, der da mit seinem Mädchen
herumturtelt und dann noch große
Sprüche klopft. Erzählt der seiner
Freundin, daß die Kerle aus Münster
keine Schußkraft in den Beinen hätten.
Egon hätte dem Kerl am liebsten ins
Gesicht geschlagen - wenn seine Hand
nicht so kalt gewesen wäre.

Dann fing das Fußballspiel an. Es
dauert kaum zehn Minuten, da gibt
dieser üble Halunke von Schiedsrichter den Bielefeldern eine Ecke - wo
doch einer von denen noch seinen Fuß
dazwischen gehabt hatte. Der Kerl auf
Linksaußen rennt zur Ecke und tritt
den Ball mit einem gemeinen Schuß in
den Sechzehnmeterraum, so daß ein
anderer Mann bloß noch den Kopf
hinhalten muß - und sieh an: Der Ball
ist im Netz. Egon tobte sehr: "Der
Torwart schläft ja. Steht der Mann da

Seger da doch zwischen die Pöhle und pooft."

Nache Pause - Egons Kaftan war zwischendurch zweimal trocken und dreimal naß geworden - gab's schwer Remmidemmi aufn Rasen: Die Bielefelder fingen schofel an zu stikken, aber der Seppel von Schiri hatte Knies inne Döppen. Kurz vor Schluß war dann endgültig Sense: son kotener Knilch vonne Arminen angelt sich die Asse anne Mittellinie, umfummelt drei Hegels von den Faßnachtshaufen und drischt die Ape mit den linken Mauken inne Bude. Aus. Die Preußen hatten verkimmelt.

Egon nix wie nach Beis, neue Klamotten umgehängt, lang Schotter inne Patte - und dann ab inne Kneipe. Hat sich schwer einen gepichelt. Als ihn sein Anim nach Beis schleppte, war er so pegel, daß er laut schallerte: "Aber eins, aber eins, das bleibt bestehen: Der SC Preußen wird nie untergehen..." "Anni", hat er seiner Schickse hinterher geschmust, "nächstesmal kriegen die Arminen ne Packung, daß ihnen das Pani inne Döppen schäumt. Ömmes!"

doch zwischen den Pfosten und schläft."

Nach der Pause - Egons Mantel war zwischendurch zweimal trocken und dreimal naß geworden - ging es auf dem Rasen schwer zur Sache: Die Bielefelder fingen böse an zu treten, aber der Trottel von Schiedsrichter hatte Tomaten auf den Augen. Kurz vor Schluß war es dann endgültig vorbei: So ein kleiner Kerl von den Arminen angelt sich den Ball an der Mittellinie, umspielt drei Männer von der Faßnacht-Truppe und tritt den Ball mit dem linken Fuß ins Tor. Aus. Die Preußen hatten verloren.

Egon nichts wie nach Hause, neue Sachen angezogen, viel Geld in die Tasche gesteckt - und dann ab in die Kneipe. Er hat sich schwer einen getrunken. Als ihn sein Mädchen nach Hause schleppte, war er so betrunken, daß er laut sang: "Aber eins, aber eins, das bleibt bestehen: Der SC Preußen wird nie untergehen ..." "Anni", hat er seiner Freundin hinterher gesagt, "beim nächsten Mal bekommen die Arminen eine Abfuhr, daß ihnen das Wasser in den Augen steht. Klarer Fall!"

19. BAMBONUM UM NOBELKATSCHEMME

"Mize" ist für Fente bald "mulo",
Fente hat seit Tagen eine lange Schmie-
ge. Er hat Rochus auf die Klemens-
strehle. Fente braucht nicht mehr
malochen und hat auch Massel mit sein
Masummes. Kowe ist bekane, und im
Beis alle jovel. Fente ist immer kochum
und hat nie Bambonum. Jeden Morgen
teilacht er in die Strehle, wo die Lowine
und der Quini hamel schmecken. Hier
kann er mit den Hegels rackewelen, bis
sein Osning 13 schmust. Zum Frengeln
ist er immer bei seinem Anim. Sie ist
eine toffte Töle und hat jovle schumme
Zömkes. Jetzt hat er aber ein Ponum
zum Planningen. Fente hatte keine
genaue Zerche vom ganzen Bambo-
num der Nobel-Katschemme in der
Klemensstrehle. Jetzt muß er kneistern,
wo er den nächsten Pichelbeis findet.
Hoffentlich findet er seine tofften Hegels
wieder.

Mieze ist für Fente bald erledigt,
Fente macht seit Tagen ein langes
Gesicht. Er ist wütend auf die Kle-
mensstraße. Fente braucht nicht mehr
zu arbeiten und hat auch in Gelddingen
Glück. Die Kleider sind in Ordnung,
und zu Hause sind alle wohlauf. Fente
verhält sich immer so klug, daß er nie
Ärger bekommt. Jeden Morgen geht er
in die Straße, wo das Bier und der
Schnaps so gut schmecken. Hier kann
er mit den Kerlen reden, bis seine Uhr
auf eins zeigt. Zum Essen ist er immer
bei seiner Frau. Sie ist eine hübsche
Frau mit schönen drallen Beinen. Jetzt
macht er aber ein Gesicht, als ob er
weinen müßte. Fente wußte nichts
Genaues von der Auseinandersetzung
um die Nobel-Kneipe in der Klemens-
straße. Jetzt muß er sehen, wo er das
nächste Wirtshaus findet. Hoffentlich
trifft er seine netten Kumpels wieder.

20. WUDDIS AUFFE NOBELSTREHLE

Als junger Hegel beschte Fente sonntags nach der Tiftel, zum Prinzipippelmarkt. Hier auf der Nobelstrehle schemmten hame die Geuen und Schetze. Es wurde rackewelt und gekneistert. Hier konnte man ruhig teilachen, es gab keine Wuddis - und wenn, dann von den Dickbälgern. Wenn Fente genug Kotenmoos inne Patte hatte, schemmte er mit noch einigen Makkern nach "Middi" oder Schucan. Immer wurde hame auf Figine gemimt, aber jovel. Fente muß heute noch schmergeln, wenn er an die jovle 'Bummel-Zeit' zurückdenkt. Jetzt diwwert Fente im Tageblättken, der Prinzipippelmarkt soll von Wuddis gesperrt werden. Keine Wuddis dürfen mehr über Münsters Nobelstrehle fahren. Die Geschäftsjölbste machen jetzt hame Bambonum. Abends machen sie ihre Fineten aus. Keiner soll was kneistern. Fente dachte wieder an die jovle Bummelzeit, wo ganz wenig Wuddis fuhren. Auch da machten die Geschäftsjölbste ihren Reibach - meint Fente.

Als junger Kerl ging Fente sonntags nach der Kirche, zum Prinzipalmarkt. Hier, auf der Nobelstraße, gingen viele Mädchen und junge Männer spazieren. Es wurde geschwatzt und geschaut. Hier konnte man in Ruhe spazieren gehen, es gab keine Autos - und wenn, dann die von den Reichen. Wenn Fente genug Kleingeld im Portemonnaie hatte, ging er mit einigen anderen Kerlen nach Middendorf oder Schucan. Es wurde immer sehr auf Schau gemacht, aber mit Stil. Fente muß heute noch lächeln, wenn er an die schöne "Bummel-Zeit" zurückdenkt. Jetzt liest Fente im Tageblatt, daß der Prinzipalmarkt für Autos gesperrt werden soll. Keine Autos dürfen mehr über Münsters Nobelstraße fahren. Die Geschäftsleute machen jetzt viel Lärm darum. Abends verdunkeln sie ihre Schaufenster. Keiner soll etwas sehen können. Fente dachte wieder an die schöne Bummelzeit, als noch ganz wenig Autos fuhren. Auch da machten die Geschäftsleute ihren Gewinn - meint Fente.

21. AM TOKUS MALOCHEN

Die Karneval-Randale ist pleite. Am Dienstag schmust Fente zu seiner Rosa: "Heute fahren wir inne Baumberge und schemmen durch die Bendine." "Tofte", rackewelt Rosa, "is auch jovles Wetter." Kurz hinter Tilbeck stellte Fente seinen Wuddi inne Ecke. Beide teilachten durch den Wald. Daß der Weg so schofel war, hatten beide nicht gemuckert. Einmal mußte Fente seine Rosa, ömmes, aufn Ast nehmen, so schofel war die Bendine. "Wann kommt denn die Katschemme?" schmuste Rosa. Da reunte Fente ein hameles Schild, wo der Achile- und Luwine-Beis angezeigt wurde. Die Masminen konnte man gar nicht mehr kneistern. Noch ne klodde beschen, und wir sind da. Den Beis konnte Fente schon reunen. Rosa hatte Pani inne Döppen, als sie kneisterte: Dienstags Ruhetag. "Die können uns alle am Tokus malochen", Fente hatte jovlen Rochus. Rosa hat hamel Piene anne Zimonsens. Den schoflen Achile- und Luwine-Beis kneistern wir vorläufig nicht wieder, muckerte Fente.

Der Karnevalstrubel ist vorbei. Am Dienstag sagt Fente zu seiner Rosa: "Heute fahren wir in die Baumberge und wandern durch die Gegend." "Prima", meint Rosa, "es ist auch schönes Wetter." Kurz hinter Tilbeck stellte Fente seinen Wagen ab. Beide gingen durch den Wald. Daß der Weg so schlecht war, hatten beide nicht bemerkt. Ömmes, einmal mußte Fente seine Rosa auf die Schultern nehmen, so schlecht war die Wegstrecke. "Wann kommt denn die Wirtschaft?" fragte Rosa. Da sah Fente ein großes Schild, wo ein Eßlokal und eine Bierstube angezeigt wurden. Die Schuhe konnte man gar nicht mehr ansehen. "Noch ein wenig laufen, und wir sind da." Das Haus konnte Fente schon sehen. Rosa hatte Tränen in den Augen, als sie las: dienstags Ruhetag. "Die können uns alle 'mal am Arsch lecken." Fente war ganz schön in Rage. Rosa hat starke Schmerzen in den Beinen. "Den miesen Eß- und Bierschuppen wollen wir vorläufig nicht wiedersehen", sagte Fente.

22. TÖLENHALTER UND BRÄSEPLINTEN

Fente steckte sich ne Fluppe ins Löv, haute seine Kneisterschiene auf'n Zinken und reunte ins Blättken: Hundebräsen für Münster. "Eine jovle Sache", muckerte Fente. Ömmes, die Kotens dürfen nicht auf'n Schemmsteig meimeln, aber die Jucholos? Wenn es nur beim Maimeln bliebe. Manche Töle haut da 3 Pfund ohne Knochen auf den Teilachsteig, oder in die Bendine. Wenn hier die Anims mit ihren Kotens Randale machen, ist das tofte. Sind die Tölenhalter denn keine klodde mucker? Die Jucholos haben kein Zerche. Wie oft muß ein Beisbewohner mit seiner Lapane die Schonte pleitemachen. Die Hunde-Schautermänner oder Schicksen müßten hamel bescholllen für jeden "Wachtmann" von ihrer Töle, dann, ömmes, wär' alles bekane. Oder, statt den Jucholos Decken auflegen, ne jovle Bosse anziehen. Die Kotens teilachen ja auch mit Bräseplinten rum. Und wo sind die Stadthegels? Wo sind die Ordnungsmuckermänner? Die kümmern sich um einen "Seibel". Sollen die doch mal mucker werden! Fente schmergelt: ... und das Slalombeschen wäre auch pleite. In Münster, ömmes, könnte man hamele Jucholos-Bräse-

Fente steckte sich eine Zigarette ins Gesicht, setzte sich seine Brille auf die Nase und guckte in die Zeitung: Hundetoiletten für Münster. "Eine gute Sache", meinte Fente. Ömmes, die Kinder dürfen nicht auf den Bürgersteig pinkeln, aber die Hunde? Wenn es nur beim Pinkeln bliebe. Mancher Hund setzt da 3 Pfund ohne Knochen auf den Gehweg, oder in die Gegend. Wenn hier die Frauen mit ihren Kindern einen Aufstand machen, ist das gut. Sind die Hundehalter denn kein bißchen geskheit? Die Hunde können das schließlich nicht verstehen. Wie oft muß ein Hausbewohner mit seiner Schaufel den Dreck wegmachen. Die Hundehalter und Hundebesitzerinnen müßten viel bezahlen für jeden Haufen ihres Hundes, klar, dann wär alles in Ordnung. Oder, statt den Hunden Decken aufzulegen, einfach eine schöne Hose anziehen. Die Kinder laufen ja auch mit Windeln herum. Und wo sind die Stadtherrn? Wo sind die Ordnungshüter? Die kümmern sich einen Dreck darum. Sollen die doch einmal aufwachen! Fente grinst:... und das Slalomlaufen wär auch vorbei. In Münster, ömmes, könnte man viele Hundetoiletten ein-

Ecken einrichten: meint Fente. Aber die Tölenhalter müßten mitmalochen.

Wenn Fente dann noch muckert von streunenden Jucholos, fällt ihm der Kitt aus der Kneisterschiene. Da müssen doch einige hamel gepennt haben.

richten; meint Fente. Aber die Hundehalter müßten mitmachen.

Wenn Fente dann noch von streunenden Hunden hört, fällt ihm das Glas aus der Brille. Da müssen doch einige sehr geschlafen haben.

23. NE JOVLE RACKEWELE

Der Osnik schmuste fast fünf, als Venti in seine Stammkneipe teilachte. Es war Freitag, die Firma hatte gelöhnt, und Venti hatte lang Schotter inne Chatte. "Los, Kower", schmuste er, "tu mich mal nen Quinie und ne Lowine." Venti hatte nen schoflen Brand - wie alle Speissmakeimer nach de Maloche.

Nachdem Venti auch noch nen Flattermann achilt hatte, steckte er sich ne Fluppe ins Ponum, bestellte noch ne Lowine - und war hamel zufrieden. Wenn man die ganze Woche ne Lapane inne Feme gehabt hat, muß man sich mal einen hinter die Weste plästern.

Als der Schauter neben ihm plötzlich mit Stielaugen zur Tür knispelte, drehte sich auch Venti um. Und was dibberte er da? Schemmt da doch tatsächlich ne Kaline solo in die Kaschemme und tigert schnurstracks zum Tresen. Venti bekneisterte die Schickse

Die Uhr zeigte fast fünf, als Venti in seine Stammkneipe ging. Es war Freitag, die Firma hatte Lohn ausbezahlt, und Venti hatte die Taschen voller Geld. "Los, Wirt", sagte er, "gib mir mal einen Schnaps und ein Bier." Venti hatte großen Durst - wie alle Bauarbeiter nach der Arbeit.

Nachdem Venti auch noch ein Hähnchen gegessen hatte, steckte er sich eine Zigarette in den Mund, bestellte noch ein Bier - und war sehr zufrieden. Wenn man die ganze Woche eine Schaufel in der Hand gehabt hat, muß man sich einmal ordentlich einen hinter die Binde gießen.

Als der Mann neben ihm plötzlich mit Stielaugen zur Tür sah, drehte sich auch Venti um. Und was sah er da? Geht da doch tatsächlich ein Mädchen allein in die Kneipe und läuft direkt zum Tresen. Venti betrachtete das Mädchen von oben bis unten und pfiff

von oben bis unten und pfiff dann stikkum durch die Zähne. Ein kurantes Anim! Jovle Zomen, toften Tokus und nen schucker Körning inne Bluse.

Venti wurde schon ganz kribbelig, aber dann latschte das Romdi an die andere Seite vom Tresen, wo son paar Schnösel standen, die er nicht riechen konnte. Der eine Knilch, so'n Figinenköster, der immer mit seinem Zaster rumstrunzte, laberte die Geue auch gleich vonne Seite an. Und auch der andere Freier schäkerte mächtig los. Aber die Kaline hatte mit den Mackers nicht viel am Hut und ließ sie abblitzen.

Venti schmergelte sich einen. "He, Kower", schmuste er, "tu dem Anim mal ne tofte Lowine." Da fing die Schickse doch tatsächlich an zu strahlen wie der Lorenz. "Hallo, Seeger", schmuste sie, "du bescht ja ne jovle Rackewele." Und während Venti staunend dibberte, teilachte die Kaline quer durch die Kneipe und setzte sich neben ihn. "Prost, Kumpel", schmuste sie, und becherte die Lowine wie Pani.

Venti wurde reineweg nerwelo. "Maschemau", dachte er, "die Sache bescht ja hamel tofte." Venti bestellte noch zwei Lowinen, rackewelte vonne Maloche und von sein Wuddi. Als der Kower die Kaschemme schließlich dicht machte, war Venti hamel schicker. Und er hatte sonne Zerche, als könne er die

dann leise durch die Zähne. Ein hübsches Mädchen! Schöne Beine, hübscher Hintern und ein schöner Busen in der Bluse.

Venti wurde schon ganz unruhig, aber dann ging das Mädchen auf die andere Seite des Tresens, wo ein paar Kerle standen, die er nicht leiden konnte. Der eine Knabe, so ein Aufschneider, der immer mit seinem Geld angab, sprach die Frau auch gleich von der Seite an. Und auch der andere Mann flirtete heftig. Aber das Mädchen hatte mit den Männern nicht viel im Sinn und ließ sie abblitzen.

Venti grinste. "He, Wirt", sagte er, "gib dem Mädchen einmal ein schönes Bier." Da fing das Mädchen doch tatsächlich an zu strahlen wie die Sonne. "Hallo, Mann", sagte sie, "du sprichst ja eine interessante Sprache." Und während Venti staunend zusah, ging das Mädchen quer durch die Kneipe und setzte sich neben ihn. "Prost, Kumpel", sagte sie, und trank das Bier wie Wasser.

Venti wurde geradewegs närrisch. "Maschemau", dachte er, "die Sache läuft ja sehr gut." Venti bestellte noch zwei Bier, erzählte von der Arbeit und von seinem Wagen. Als der Wirt die Kneipe schließlich schloß, war Venti ziemlich betrunken. Er hatte so eine Ahnung, als könne er das Mädchen

Kaline abschleppen. *"Ich habe noch ne schawele Schabau im Beis", schmuste er, "willste nich noch mitschemmen - einen picheln?"*

Venti war platt, als das Anim tatsächlich mittigerte. Also schemmten sie los. Bei Venti im Beis angekommen, wollte er ihr gleich anne Klamotten. "Oder", schmergelte er, "wollen wir gleich ab inne Fiche?" Aber da wurde die Kaline plötzlich mucker, dellte ihm einen auffe Feme und rackewelte plötzlich hochdeutsch: "Finger weg, Sie Wüstling." Venti war ganz kolone. "Alte Schickse", sabbelte er, "warum bisse denn mit mir nach Beis geschemmt, wenne nich mit inne Poofe willst?" "Ich bin nicht zum Pennen mitgekommen - sondern weil ich eine Examensarbeit über Masematte schreibe..."

abschleppen. "Ich habe noch eine Flasche Schnaps im Haus", sagte er, "willst du nicht noch mitgehen - einen trinken?"

Venti war erstaunt, als das Mädchen tatsächlich mitkam. Also gingen sie los. Bei Venti zu Hause angekommen, wollte er ihr gleich an die Kleider. "Oder", grinste er, "wollen wir gleich ins Bett?" Aber da wurde das Mädchen plötzlich rege, schlug ihm auf die Hand und sagte plötzlich auf hochdeutsch: "Finger weg, Sie Wüstling." Venti war ganz verwirrt. "Alte Ziege", sagte er, "warum bist du denn mit zu mir nach Hause gegangen, wenn du nicht mit ins Bett willst?" "Ich bin nicht zum Übernachten mitgekommen - sondern weil ich eine Examensarbeit über Masematte schreibe ..."

24. FÜR HEI TACK AUFFN SCHONT

An den Obermacker vonne Stadtverwaltung!

Ich und der Venti, wo auch als Speismakeimer seine Balachesen bewircht, also wir hegen hamel Rochus auf dich und deine Schreibtisch-Malocher in den Beis an Prinzipalmarkt, oder wie die Strehle heißt. Ömmes, wir haben

An den Leiter der Stadtverwaltung!

Ich und der Venti, der auch als Bauarbeiter sein Geld verdient, also wir sind sehr wütend auf dich und deine Schreibtisch-Arbeiter in dem Haus am Prinzipalmarkt, oder wie die Straße heißt. Klar, wir wissen auch,

auch schon gemuckert, daß die Stadt klamm mit Lobi ist und kein Moos mehr inne Patte hat. Aber was ihr und die Figinenköster vom Rat da jetzt ausbaldowert habt, also das ist ein Stuss, dasse nerbelo von wirst.

Also erst mal die Sache, dasse aufm Schontebeis jetzt mehr beribbeln sollst. Früher konnste mit einen oder zwei Tacken auf'n Schont, jetzt solln wir hei tack schucken - da kannze ja schon ne halbe Lowine für schickern. Du hegst ja keine Zerche, was das für Lapanenmalocher bedeutet: Wir malochen den ganzen Tach auffe Strehle - da kannze wohl man stikkum inne Ecke maimeln. Aber wenn mal was anders ambach ist, musse jedesmal ins Schontebeis teilachen.

Und dann die Sache mit dem Pani inne städtische Plümpse. Das ist jetzt hamel kalt. Letzte Woche bin ich fast ne Stunde durchs Pani göböscht - und der Kniest vonne Maloche saß mir immer noch anne Zomen. Und der Venti hat sich sogar schon ein Stück Seife gebickt, maschemau!

Aber der dickste Hammer ist ja, daß ihr die Knetemänner nich mehr inne Halle lassen wollt. Also das Sechs-Tage-Rennen dürft ihr nicht mulo machen, sonst schort ihr den Lapanenmalochern das letzte Stück Kultur. Der

daß die Stadt knapp bei Kasse ist und kein Geld mehr in der Tasche hat. Aber was ihr und die Aufschneider vom Rat da jetzt beschlossen habt, also das ist ein Unsinn, daß man geradezu verrückt wird.

Also erst einmal die Sache, daß man auf der Toilette jetzt mehr bezahlen muß. Früher konntest du mit ein oder zwei Groschen auf die Toilette, jetzt sollen wir fünfzig Pfennige bezahlen - dafür kann man ja schon ein halbes Bier trinken. Du hast ja keine Ahnung, was das für einen Bauarbeiter bedeutet: Wir arbeiten den ganzen Tag auf der Straße, da kann man ja heimlich in die Ecke pinkeln. Aber wenn einmal etwas anderes ansteht, muß man jedes Mal zur Toilette gehen.

Und dann die Sache mit dem Wasser im Städtischen Schwimmbad. Das ist jetzt sehr kalt. Letzte Woche bin ich fast eine Stunde durchs Wasser geschwommen, und der Dreck von der Arbeit hing mir immer noch an den Beinen. Und der Venti hat sich sogar schon ein Stück Seife gekauft, maschemau!

Aber der dickste Hammer ist ja, daß ihr die Fahrräder nicht mehr in die Halle lassen wollt. Also das Sechs-Tage-Rennen dürft ihr nicht kaputt machen, sonst stehlt ihr den Bauarbeitern das letzte Stück Kultur. Der Venti

Venti und ich, wir sind immer zur Halle geschemmt, wenn die Hegels mit ihre Leetzen inne Runde pästen. Da war noch Kultur ambach: Tofte Musik, schuckere Kalinen und leckere Lowinen.

und ich, wir sind immer zur Halle gegangen, wenn die Kerle mit ihren Rädern ihre Runden drehten. Das war noch Kultur: tolle Musik, schöne Frauen und leckeres Bier.

Jöppi aus Kotenbeis

Jöppi aus Kinderhaus

Sehr geehrte Masemattenfreier!
Besten Dank für Ihre Fleppe vom 18. des Monats. Wie Sie sehr richtig gemuckert haben, hat die Stadt keinen Zaster mehr - und schon hamel einen an der Malme. Aus diesen Gründen ist die Stadtverwaltung leider gezwungen, Schotter zu sparen.
1. Wir wissen wohl, daß es Schonte ist, wenn man auf dem öffentlichen Schontebeis jetzt mehr Balachesen entrichten muß. Aber das bewircht lang Schotter für die Stadtkasse.
2. Die Senkung der Pani-Temperaturen in den städtischen Plümps-Anstalten spart nicht nur Lobi, sondern ist auch jovel und tofte für Ihre Gesundheit. Um den Kniest vom Balg zu kriegen, empfehlen wir Ihnen, in die Dusche zu teilachen.
3. Leider sind in den letzten Jahren zu wenig Leetzen-Fans zum Sechs-Tage-Rennen geschemmt. Wenn alle ihre Kalinen mitgebracht hätten, wäre

Sehr geehrte Masemattemänner!
Besten Dank für Ihren Brief vom 18. des Monats. Wie Sie sehr richtig bemerkt haben, hat die Stadt kein Geld mehr und schon sehr große Schulden. Aus diesen Gründen ist die Stadtverwaltung leider gezwungen, Geld zu sparen.
1. Wir wissen wohl, daß es Mist ist, wenn man auf der öffentlichen Toilette jetzt mehr Geld entrichten muß. Aber das bringt viel Geld für die Stadtkasse.

2. Die Senkung der Wassertemperaturen in den städtischen Badeanstalten spart nicht nur Geld, sondern ist auch förderlich und gut für Ihre Gesundheit. Um den Schmutz vom Leib zu kriegen, empfehlen wir Ihnen, unter die Dusche zu gehen.

3. Leider sind in den letzten Jahren zu wenig Fahrrad-Fans zum Sechs-Tage-Rennen gegangen. Wenn alle ihre Frauen mitgebracht hätten, wäre die

die Veranstaltung nicht ins Defizit gepeselt. Wir dürfen Ihnen jedoch verkasematuckeln, daß es sehr wohl noch andere kulturelle Angebote in der Stadt gibt. Warum teilachen Sie mit Ihrem Anim nicht mal wieder ins Theater?

Veranstaltung nicht ins Defizit geradelt. Wir dürfen Ihnen jedoch mitteilen, daß es sehr wohl noch andere kulturelle Angebote in der Stadt gibt. Warum gehen Sie mit Ihrem Mädchen nicht einmal wieder ins Theater?

Hermann vom Stadtbeis

Hermann vom Stadthaus

25. DALLAS-MISCHPOKE

Seit die Maloche knapp is und viele Masemattenfreier lau lowi mehr auffe Patte haben, um sich inne Katschemme ne Lowine zu schickern, hocken sie auch jeden Dienstag vor den Kneisterkasten und dibbern "Dallas". Allen, die noch keine Zerche haben, was da inne Glotze rumbescht, will der Potthast mal die ganze Dallas-Mischpoke vorstellen:

Dschäi Ahrr: Das ist der Seeger mit der schoflen Schmiege, der die anderen beseibelt und abnabbelt, wo er nur kann. Er hat hamel Lowi, fährt nen schummen Wuddi und wohnt in einem jovlen Beis, das "ßaußfork-ränsch" heißt.

ßu Ällen: Das is die Kaline von Dschäi Ahrr. Sie war mal das jovelste Romdi von ganz Texas und roint immer noch hamel schucker ausse Kowe. Aber

Seit die Arbeit knapp ist und viele Masemattemänner kein Geld mehr im Portemonnaie haben, um in der Kneipe ein Bier zu trinken, hocken auch sie jeden Dienstag vor dem Fernseher und sehen "Dallas". Allen, die noch keine Ahnung haben, was da über die Mattscheibe flimmert, will der Potthast einmal die ganze Dallas-Sippe vorstellen:

J.R.: Das ist der Mann mit der üblen Visage, der die anderen betrügt und ausnimmt, wo er nur kann. Er hat viel Geld, fährt einen dicken Wagen und wohnt in einem schönen Haus, das "Southfork-Ranch" heißt.

Sue Ellen: Das ist die Frau von J.R. Sie war einmal das schönste Mädchen von ganz Texas und schaut immer noch sehr gut aus der Wäsche. Aber manch-

71

manchmal pichelt sie Lowinen und Schabau, bisse pegelschicker is. Muß wohl auch schon leicht meschugge im Schero sein, denn sie hat den schoflen Dschäi Ahrr schon zum zweiten Mal gegasselt.

Bobbi: Das is de kotene Bruder von den miesen Dschäi Ahrr. Er is nen hamel toften Seeger. Immer jovel am Malochen - ohne Schmuh und so. Obwohl er letzte Zeit auch hamel am Schanägeln is, um seinen Bruder ausse Firma zu schuppen.

Pähmela: Das is die Kaline von Bobbi - ein kurantes Anim mit nem jovlen Körning und schuckere Zohmen. Aber inne Poofe is wohl laulone. Pähmela konnte keinen Koten bewirchen und war deshalb hamel brastig.

Miss Ällie: Das is die Alte von Dschäi Ahrr und Bobbi, die immer so hamel am Schmergeln is. Seit Dschock - das war ihr Macker - mulo is, hat sie den ganzen Brassel von ßaußfork am Hals. Manchmal isse ganz kolone - vor allem, weil Dschäi Ahrr immer Randale macht.

Luzie: Sie is das kotenste Anim auf ßaußfork - aber sie hat die längsten Ballen und den größten Körning. Damit macht sie die Hegels hamel kolone.

Kliff: Das is der Bruder von Pähmela, der Dschäi Ahrr gerne mal einen verkasematuckeln möchte - aber keine

mal trinkt sie Bier und Schnaps, bis sie volltrunken ist. Sie muß wohl auch schon leicht durcheinander im Kopf sein, denn sie hat den heimtückischen J.R. schon zum zweiten Mal geheiratet.

Bobby: Das ist der kleine Bruder von dem niederträchtigen J.R.. Er ist ein sehr feiner Kerl. Immer schön am Arbeiten - ohne jede Tücke und so weiter. Obwohl er in der letzten Zeit auch stark daran arbeitet, seinen Bruder aus der Firma zu drängen.

Pamela: Das ist die Frau von Bobby - ein hübsches Mädchen mit einem schönen Busen und schönen Beinen. Aber im Bett läuft wohl nichts. Pamela konnte kein Kind bekommen und war deshalb sehr vergrämt.

Miss Elli: Das ist die Mutter von J.R. und Bobby, die immer so viel lächelt. Seit Jock - das war ihr Mann - tot ist, hat sie das ganze Theater um Southfork am Hals. Manchmal ist sie sehr verstimmt - vor allem, weil J.R. immer Ärger macht.

Lucy: Sie ist das kleinste Mädchen auf Southfork - aber sie hat die längsten Haare und den größten Busen. Damit macht sie die Männer ganz verrückt.

Cliff: Das ist der Bruder von Pamela, der J.R. gerne einmal einen verpassen möchte - aber nicht weiß, wie. Er

Zerche hat, wie. Er hat auch mal mit βu Ällen genabbelt, aber Dschäi Ahrr hat ihm das Anim wieder geschort.

hat auch einmal mit Sue Ellen geschlafen, aber J.R. hat ihm die Frau wieder weggenommen.

26. TIFTELS MIT TROCKENE MASMINEN

Der Stoof um das Aegidii-Wuddi-Beis böscht weiter. Inne Zeitung konnze sogar dibbern, daβ die Hegels vonne WBI jetzt auch noch nen "Schluckversuch" machen wollen. Könnze reineweg nerwelo werden.

Angefangen hatte der ganze Brassel, weil die Wuddis nicht mehr alle auffe Strehle paβten. Also wollten die Schauters vonne Stadt ein Beis für die Wuddis bewirchen - aber eins inne Erde, damit man die Wuddis laulone kneistern kann.

Aber als die Speismakeimer da mitte Lapane am Malochen waren, standen sie plötzlich mitte Masminen im Pani. Die Hegels vonne WBI ham das Pani dann inne Aa mänglowiert. Aber da ham die Schauters vonne Stadt hamel mies ausse Kowe gereunt: Laulone!

Gleichzeitig fingen nämlich die Beiskes und die Tiftels inne Stadt am Wackeln an, weil die lau oser Pani inne Päohle hatten. Und es gibt Seegers, die

Der Ärger um das Aegidii-Parkhaus geht weiter. Aus der Zeitung konnte man sogar erfahren, daβ die Kerle von der WBI jetzt auch noch einen "Schluckversuch" machen wollen. Man könnte glattweg verrückt werden.

Angefangen hatte der ganze Ärger, weil die Autos nicht mehr alle auf die Straβe paβten. Also wollten die Kerle von der Stadt ein Haus für die Autos bauen - aber ein unterirdisches, damit man die Autos nicht sehen kann.

Aber als die Bauleute da mit der Schüppe arbeiteten, standen sie plötzlich mit den Schuhen im Wasser. Die Burschen von der WBI haben das Wasser dann in die Aa geleitet. Aber da haben die Kerle von der Stadt sehr dumm aus der Wäsche geguckt: Nichts da!

Gleichzeitig fingen nämlich die Häuser und Kirchen in der Stadt zu wackeln an, weil die Pfähle nicht mehr im Wasser standen. Und es gibt Bur-

rakawelen, daß das Wuddi-Beis Schuld daran sei, daß die Tiftels trockene Masminen haben.

Um den ganzen Brassel loszuwerden, wollen die Hegels vonne WBI jetzt also einen "Schluckversuch" machen. Könnze denen schon vorher schmusen, daß das inne Plinte pöscht. Ich kenne hamel viele Seegers, die schon mal einen "Schluckversuch" gemacht haben: eine Lowine, ein Quinie, eine Lowine, ein Quinie. - Hinterher waren die immer pegelschicker und hatten andern Morgen nen dicken Schero ...

schen, die behaupten, daß das Parkhaus Schuld daran sei, daß die Kirchen trockene Schuhe hätten.

Um den ganzen Ärger loszuwerden. wollen die Kerle von der WBI jetzt also einen "Schluckversuch" machen. Man könnte denen schon vorher sagen, daß das in die Hose geht. Ich kenne sehr viele Kerle, die schon einmal einen Schluckversuch gemacht haben: ein Bier, ein Schnaps, ein Bier, ein Schnaps. - Hinterher waren die immer volltrunken, und am anderen Morgen hatten sie einen schweren Kopf ...

27. TECHTELMECHTEL MIT MURMELSCHUPPEN

Dat Sperrmüll-Festival inne Zitty fing wieder an mit dem Hin und Her von dem Vor- und Rückriem. Die Kaventsmänner aus Anröchte, die der Seeger 1977 anne Petrikirche geknallt hatte und die später in' nen Schwarzwald verfrachtet wurden, ham die Nerbeloköster wieder auße Versenkung geholt. Und jetzt stehn die Tortenstükke wieder neben der Tiftel. Und das nicht bloß so. Ömmes, der Plastik-Macker will uns schmusen, dat die Böllermänner mitte Wiese und mit dem Dach von den Murmelschuppen irgendwie so'n künstlerisches Techtelmech-

Das Sperrmüll-Festival in der Stadt fing wieder an mit dem Hin und Her um den Vor- und Rückriem. Die Klötze aus Anröchte, die der Kerl 1977 an der Petrikirche abgestellt hatte und die später in den Schwarzwald verfrachtet wurden, haben die Spinner wieder aus der Versenkung geholt. Und jetzt stehen die Tortenstücke wieder neben der Kirche. Und das nicht nur zufällig. Ömmes, der Plastiktyp will uns weismachen, daß die Brocken mit der Wiese und mit dem Dach des Gebetshauses irgendwie so eine künstlerische Beziehung haben. Doch damit nicht genug.

tel ham. Doch damit nicht genug. Jetzt hat den Seeger in Finnland ein paar neue Kaventsmänner ausbaldowert. Und die stehn nun am Aasee.

Jetzt hat der Mann in Finnland ein paar neue Brocken ausfindig gemacht. Und die stehen nun am Aasee.

28. BES KNACKIGE KIRSCHEN

Wennze die Windthorststrehle entlangschemmst, dibberste auf den kotenen Platz anne Harsewinkelgasse plötzlich mitten zwischen die schummen Wuddis eine Riesen-Säule mit bes knackigen Kirschen drauf. Ömmes, meinze: Obst-Reklame. Laulone: Das soll Kunst sein. Aber wehe, wenn unser Mutter sich so'n Ding - kotenes, natürlich - auffe Kredenz stellt. Dann würde die ganze Mischpoke rakawelen: "Wat'n Kitsch ..."

Wenn du die Windthorststraße entlanggehst, siehst du auf dem kleinen Platz an der Harsewinkelgasse plötzlich mitten zwischen den großen Wagen eine Riesensäule mit zwei knackigen Kirschen darauf. Ömmes, denkt man: Obstreklame. Nichts da: Das soll Kunst sein. Aber wehe, wenn sich unsere Mutter so ein Ding - ein kleines natürlich - auf die Anrichte stellt. Dann würde die ganze Sippschaft sagen: "Was für ein Kitsch ..."

29. IM PEIGELSCHARETT ROTIEREN

Und dann der Blechschaden am Erbdrostenhof. Also wenn Jans Conny Schlaun, unsern barocken Speismakeimer, dibbern könnte, wasse ihm da für 'ne Rost-Laube vor dat schuckere Beis geballert ham - der kriegte son'n hamel Rochus, daß er im Peigelscharett rotieren würde wie die Grünen im Rat.

Und dann der Blechschaden am Erbdrostenhof. Also wenn Johann Conrad Schlaun, unser barocker Baumeister, sehen könnte, was für eine Rostlaube man ihm da vor das prächtige Haus gesetzt hat - der bekäme eine so große Wut, daß er im Leichenwagen rotieren würde, wie die Grünen im Rat.

Also den Seeger, der die eisernen Kaventsmänner beim Löti bestellt hat, hat doch keine Zerche von Kunst. Und 'nen Panibengel hegte der auch nicht. Denn kaum hatten die Hegels die Walzwerk-Schonte auf'n Hoff gewullacht, kippte die auch schon auße Masminen. Uns will der Figinenschieber schmusen, sein Blechmann hätte dieselben Maße wie Connys Pracht-Beis. So'n Stuss. Jetzt kannze das jovle Schlaun-Beis mit den schuckeren Fineeten nich mal mehr richtig kneistern. Der Seeger, der das alles vermackelt hat, is Richard Serra - der, wo letzte Mal, also siebensiebzig, so'n paar Stahl-Scheibchen auf'n Hindenburgplatz postiert hatte, vor das andere Beis von unsern Conny. Damals hat so'n Freier drangeschrieben, das wär 'nen Schontebeis - und ham auch wirklich welche reingemaimelt ...

Also der Kerl, der die eisernen Klötze beim Klempner bestellt hat, hat doch keine Ahnung von Kunst. Und eine Wasserwaage hatte er wohl auch nicht. Denn kaum hatten die Männer den Walzwerkschrott auf den Hof gefahren, kippte der auch schon aus den Schuhen. Uns will der Aufschneider erzählen, sein Blechmann hätte dieselben Maße wie Conrads Prachtbau. So ein Unsinn. Jetzt kannst du das schöne Schlaunhaus mit den hübschen Fenstern nicht einmal mehr richtig sehen. Der Mann, der das alles verunstaltet hat, ist Richard Serra - der letztes Mal, also siebenundsiebzig, so ein paar Stahl-Scheibchen auf dem Hindenburgplatz postiert hatte, vor das andere Gebäude von unserem Conrad. Damals hat so ein Kerl darangeschrieben, das wär ein Klo - und es haben auch wirklich welche hereingepinkelt ...

30. DEN LORENZ AUFFE PLAUTZE

Wennze vonne Überwassertiftel zum Dom schemmst, dibberste plötzlich ne Riesen-Fleppe - so'n Schild, was immer ambach is, wenn die Speismakeimer irgendwo am malochen sind, und wo drauf steht, warum die da schanägeln. Du kneisterst einmal, du kneisterst

Wenn man von der Überwasserkirche zum Dom geht, sieht man plötzlich ein riesiges Plakat - so ein Schild, das immer da ist, wenn Bauarbeiter irgendwo arbeiten, und auf dem steht, warum die da arbeiten. Du guckst einmal, du guckst zweimal - und dann glaubst du,

zweimal - und dann meinze, du hättst vielleicht ein paar Lowinen oder Quinies zuviel geschickert. Denn von der Fleppe roinen dich drei Kaventsmänner mit Pani an - und daneben steht: "Ein öffentliches Bad für Münster". Pani auf'm Domplatz? Plümpsen vor de Tiftel? Bikini-Anims, die sich mitten inne Zitty den Lorenz auffe Plautze scheinen lassen? Alles Figine! Der Seeger, der das Schild gemacht hat, hat mitte Lapane nix am Hut. Ist bloß nen Pinselquäler, der hamel Hallas macht.

du hättest vielleicht ein paar Biere oder Schnäpse zuviel getrunken. Denn von dem Plakat schauen dich drei Behälter mit Wasser an - und daneben steht: "Ein öffentliches Bad für Münster". Wasser auf dem Domplatz? Baden vor der Kirche? Bikini-Mädchen, die sich mitten in der Stadt die Sonne auf den Bauch scheinen lassen? Alles Täuschung! Der Mann, der das Schild gemacht hat, hat mit der Schaufel nichts im Sinn. Ist bloß ein Pinselquäler, der viel Staub aufwirbelt.

31. QUINIES AM FLIESSBAND

Is ja viel Stuss bei den Sperrmüll-Festival - aber was den Macker Mario da makeimt hat, das ist echt tofte, wenn nich sogar hamel jovel. Als ich das Gedöns zum ersten Mal gedibbert hab, hab ich geschmergelt, bis mir das Pani fast inne Döppen stand: Quinies am Fließband, Pilos in Reih und Glied - Traum aller Lauschepper und Schikkermänner. Aber der Jontef hat zwei Haken: Der Sorrof ist im Knast, kann-ze mitte Feme nich dran. Und in den Pinnkes ist laulone Schabau, sondern bloß Pani - und auch nur, wennz gemaimelt hat ...

Es gibt ja einigen Blödsinn auf dem Sperrmüll-Festival - aber was Mario, der Bursche, da gemacht hat, das ist wirklich schön, wenn nicht sogar wunderschön. Als ich das Ding zum ersten Mal gesehen hab, hab ich gelacht, bis mir das Wasser fast in den Augen stand: Schnäpse am Fließband, Kurze in Reih und Glied - Traum aller Naussauer und Trunkenbolde. Aber der Spaß hat zwei Haken: Der Schnaps ist eingesperrt, den kann man mit der Hand nicht erreichen. Und in den Gläschen ist kein Schnaps, sondern bloß Wasser - und das auch nur, wenn es geregnet hat ...

32. LAULONE MALOCHE

Maschemau - was der Remy Zaugg, so'n Jölbst auße Alpen, da ausbaldowert hat! Der will den Kneis mit dem Zossen und das Knäbbelanim mitte Pore, die seit 1963 vorm Stadtbeis II anne Strehle rumlungern, wieder auffe Wiese verfrachten. Mucker, mucker, dieser Macker: Bewircht Kunst laulone Maloche. Er brauch nur zu labern - die andern müssen schanägeln, um die Kaventsmänner in'nen Kreisel zu bugsieren. Und keiner rakawelt mehr von Kalli Bernewitz - von den Löti, der den Kaffer und die Kaline anno dunnemals mal zusammengebosselt hat.

Maschemau, was der Remy Zaugg, so ein Bursche aus den Alpen, sich da ausgedacht hat! Er will den Bauern mit dem Pferd und die Bäuerin mit der Kuh, die seit 1963 vor dem Stadthaus II an der Straße herumstehen, wieder auf die Wiese stellen. Schlau, schlau, dieser Mann: Macht Kunst, ohne zu arbeiten. Er braucht nur zu reden - die anderen müssen arbeiten, um die großen Dinger in den Kreisel hineinzubringen. Und niemand spricht mehr von Kalli Bernewitz - von dem Klempner, der den Kerl und die Frau anno dazumal zusammengeschweißt hat.

33. KNETEMÄNNER-KNUBBEL

Einige von den Schautermännern, die für das Sperrmüll-Festival am mänglowieren sind, ham's mitte Leezen. Als die's erste Mal durch die Zitty geteilacht sind, war'n die reineweg nerbelo. So was hatten die noch nie gedibbert - Knetemänner, wohin du auch knispels. Ein Seeger hat einfach einen Haufen Leezen zusammengewürfelt, Plurren drüber. Fertig. Also, maschemau, wenn dieser Knetemän-

Einige der Kerle, die für das Sperrmüll-Festival tätig sind, haben es mit den Fahrrädern. Als sie das erste Mal durch die Stadt gegangen sind, waren sie völlig verwirrt. So etwas hatten die noch nie gesehen - Fahrräder, wohin du auch guckst. Einer der Burschen hat einfach einen Haufen Fahrräder zusammengewürfelt, ein Tuch darüber. Fertig. Also, maschemau, wenn dieser Haufen von Fahrrädern eine Skulptur

ner-Knubbel eine Skulptur ist, dann ist unsere Scharett-Strehle ein Gesamtkunstwerk. Bloß gut, daß die für so'n Trallafitti nicht auch noch lang Lowi beribbeln mußten: Leezen gab's für lau beim Fundbüro.

ist, dann ist unsere Bahnhofstraße ein Großkunstwerk. Bloß gut, daß die für so einen Blödsinn nicht auch noch viel Geld bezahlen mußten: Fahrräder gab es umsonst beim Fundbüro.

34. SCHOFLE KABACHE

Wennze mal ein meschugges Beis dibbern willz, musse zum Scharett teilachen: Neben Charlottes Tackoachilkabache, da wo de Flattermänner und Bezinnum mit Kätschapp frengeln kannz, ham se stikum ein kotenes Beis gebaut. Es roint auße Wäsche wie das große Backs vonne Stadtverwaltung. Ist aber hamel koten - wie die Kabachen, in denen die Speismakeimer ihre Lapane und ihren Mottek hegen. Kannze auch nicht reinschemmen, keine Tür, keine Fineete, laulone. Was der Schmus mit dem schoeflen Backs soll? Zwei Stussmänner ausse Alpen ham sich mit der Kabache nen hamlen Jontef gemacht. Wollten die münsterischen Beis-Macker wohl auffe Lapane nehmen...

Wenn du mal ein verrücktes Haus sehen willst, mußt du zum Bahnhof gehen: Neben Charlottes Schnellimbißbude, wo du Hähnchen und Wurst mit Ketchup essen kannst, haben sie heimlich ein kleines Haus gebaut. Es schaut aus wie das große Haus von der Stadtverwaltung. Ist aber sehr klein - wie die Hütten, in denen die Bauarbeiter ihre Schaufel und ihren Hammer aufbewahren. Man kann auch nicht hineingehen, keine Tür, kein Fenster, gar nichts. Was der Unsinn mit dem seltsamen Haus soll? Zwei Spinner aus den Alpen haben sich mit der Hütte einen riesigen Spaß gemacht. Wollten die Münsteraner Architekten wohl auf die Schippe nehmen...

35. MÖLLEMACKER IN GELSENTIFTEL

Also wennze heute nachmittag inne Glotze dibberst, kannze vielleicht kneistern, wie der Möllemann den Sportschau-Heiermann für das "Tor des Monats" bewircht - nämlich für den hamel jovlen Fallrückzieher, mit dem er am Montag den Effze Schalke auße Muttke mänglowiert hat.

War ja hamel Randale bei den Blau-Weißen von Schlacke nullvier. Oskar und Rolli hatten echt Rochus, "Figinenköster", schmuste der eine, "Laumalocher", rakawelte der andere. Und mancher von den Hegels ballte schon die Feme inne Chatte. Hätte nich viel gefehlt, und die erste Finne wäre durch den Saal gebescht.

Doch da teilachte unser Mölle-Macker nach vorn, schemmte zum Schwafel-Pult - und ließ eine Rakawele vom Stapel, dat den Schalke-Schautern aus Gelsentifteln das Pani fast inne Döppen stand.

Daß der Seeger hamel tofte labern kann, das wissen wir schon lange. Aber daß er jetzt einen auf "Friedensengel" macht und wie ein Gallach schmust - maschemau! Muß wohl anne neue Maloche liegen. Wie er noch als Genschers Keilof durch die Bendine kläffte, hat er selbst immer für Stoof gesorgt.

Also wenn du heute nachmittag Fernsehen guckst, kannst du vielleicht sehen, wie der Möllemann die Sportschau-Medaille für das "Tor des Monats" erhält - nämlich für den sehr schönen Fallrückzieher, mit dem er am Montag dem FC Schalke aus der Klemme geholfen hat.

War ja viel Theater bei den Blau-Weißen von Schalke 04. Oskar und Rolli hatten richtige Wut, "Aufschneider", sagte der eine, "Drückeberger", sprach der andere. Und mancher von den Männern ballte schon die Faust in der Tasche. Es hätte nicht viel gefehlt, und die erste Flasche wäre durch den Saal geflogen.

Doch da ging unser Mölle-Mann nach vorne, schritt zum Rednerpult und ließ eine Rede vom Stapel, daß den Schalke-Männern aus Gelsenkirchen das Wasser fast in den Augen stand.

Daß der Kerl sehr gut reden kann, das wissen wir schon lange. Aber daß er jetzt einen "Friedensengel" mimt und wie ein Priester predigt - maschemau! Muß wohl an seiner neuen Aufgabe liegen. Als er noch als Spürhund von Genscher durch die Gegend kläffte, hat er selbst immer für Ärger gesorgt.

Daß er was vom Flemmen und Fummeln versteht, kannze auch in Bonn dibbern. Wie er sich da mit Hans-Dietrich und Martin die Asse zuschiebt - einfach Spitze. Unser Oberkicker Franz, der Beckenbauer, hat schon geschmust, der Jürgen mit seinem liberalen Zomen, das wär nen hamel jovler Abstauber für de Nationalelf.

Aber daß der Mölle-Macker bei Schlacke nullvier schon seit Jahren stikum Mitglied is, da hegten wir noch keine Zerche von.

Der Figinenschieber hat immer so getan, als stünde er auf Preußen Münster. Schließlich wollte er vor Jahren schon mal Obermacker bei den Flemm-Verein anne Hammer Strehle werden. Damals hat er auch rakawelt, er könne hamel Lowi locker machen - bei den Scheichs oder so.

Jetzt, wo er als Minister schanägelt und immer inne jovle Kowe bei Helmut Kohl achilt, sind dem Ober-Macker vonne Effdepeh die Oberliga-Kicker von den Eszepeh wohl zu popelig. Und deshalb poussiert er jetzt mit den Bundesliga-Freiern aus Gelsentifteln.

Aber die auf Schalke sollen mal hamel mucker sein. Ein Möllemann malocht nich für lau. Bei der nächsten Versammlung belabert der die Hegels so lange, bis er selbst Präsident is. Und dann dauert' s nich mehr lange, bis die

Daß er etwas von Fußball und vom Dribbeln versteht, kann man auch in Bonn sehen. Wie er sich da mit Hans-Dietrich und Martin die Bälle zuspielt - einfach Spitze. Unser Oberkicker Franz, der Beckenbauer, hat schon gesagt, der Jürgen mit seinem liberalen Bein, der wäre ein sehr guter Abstauber für die Nationalelf.

Aber daß der Mölle-Mann bei Schalke 04 schon seit Jahren heimlich Mitglied ist, davon hatten wir noch keine Ahnung.

Der Aufschneider hat immer so getan, als hielte er zu Preußen Münster. Schließlich wollte er vor Jahren schon einmal Vorsitzender bei dem Fußball-Verein an der Hammer Straße werden. Damals hat er auch gesagt, er könne viel Geld loseisen - bei den Scheichs oder so.

Jetzt, da er als Minister arbeitet und immer in schicker Kleidung bei Helmut Kohl speist, sind dem Chef der F.D.P. die Oberliga-Kicker von SC-Preußen wohl zu kleine Fische. Und deshalb liebäugelt er jetzt mit den Bundesliga-Kerlen aus Gelsenkirchen.

Aber die Schalker sollen bloß aufpassen. Ein Möllemann arbeitet nicht umsonst. Bei der nächsten Versammlung redet er auf die Kerle so lange ein, bis er selbst Präsident ist. Und dann dauert es nicht mehr lange, bis die

Blau-Weißen zum Flemmen in Blau-Gelb auflaufen ...

Blau-Weißen zum Spiel in Blau-Gelb auflaufen ...

36. ZOSSEN UND PORE AUFFN LUDGERI-ACKER

Venti is nen hamel jovlen Kneis. Er hat ein kotenes Beis in Kattenvenne, eine Alsche, einen Keilof, eine Pore und zwei Zossen.

Einmal im Jahr holt Venti seinen Dohling aussm Schrank, wienert seine Masminen, schmeißt sich innen toften Kaftan - und dann bescht er ab nach Münster. Seine Alschke rakawelt er immer, er schemmt zur Halle Münsterland, wo die Schassörkes und Zossen untern Hammer kommen. Aber is nur Figine. Vom Scharett teilacht Venti direktemang inne nächste Katschemme und pichelt sich erstmal einen. Quinie und Lowine - immer abwechselnd.

Der Hacho war schon leicht schikker, als er am Ludgeriplatz vorbeischemmte. Aber plötzlich wurde er wieder hamel mucker. Denn was dibberte er da? Der Kneis mit dem Zossen und das Knäbbelanim mitte Pore, die jahrelang stikum vorm Stadtbeis vor sich hin gepooft hatten, warn über de Strehle getippelt und standen jetzt mitten auffn Ludgeri-Acker. Maschemau!

Venti ist für einen Bauern sehr in Ordnung. Er hat ein kleines Haus in Kattenvenne, eine Frau, einen Hund, eine Kuh und zwei Pferde.

Einmal im Jahr holt Venti seinen Hut aus dem Schrank, putzt seine Schuhe, zieht sich seinen guten Mantel an, und dann fährt er nach Münster. Seiner Frau sagt er immer, er ginge zur Halle Münsterland, wo die Schweinchen und Pferde unter den Hammer kommen. Aber das ist nur ein Vorwand. Vom Bahnhof geht Venti direkt in die nächste Wirtschaft und trinkt sich erst einmal einen. Schnaps und Bier - immer abwechselnd.

Der Kerl war schon leicht betrunken, als er am Ludgeriplatz vorbeikam. Aber plötzlich war er wieder hellwach. Denn was sah er da? Der Bauer mit dem Pferd und die Bäuerin mit der Kuh, die jahrelang unbemerkt vor dem Rathaus vor sich hin geschlafen hatten, waren über die Straße gelaufen und standen jetzt mitten auf dem Ludgeriplatz. Maschemau!

Und wie er noch so am Kneistern war, scherbelte sein alter Schulfreund Hugo vorbei - und schmuste ihm, dat das Kunst sei. So 'n Seeger ausse Schweiz hätte das ausbaldowert. Der hätte den Kneis mit dem Zossen und das Knäbbelanim mitte Pore mittem Kran von den Stadtbeis über die Strehle auffe Wiese mänglowiert - und wär dat jetzt dem seine Maloche für die "Skulptur 87". Venti meinte, dat der Seeger meschugge wär. Aber reineweg nerbelo wurde der Hacho aus Kattenvenne, als Hugo ihm schmuste, dat der Nerbeloköster ausse Schweiz für das Trallafitti auch noch lang Lowi kassieren wollte.

Als Venti abends hamel schicker wieder nach Beis düste, war er echt kolone. Aber am anderen Morgen hatte er eine hamel jovle Idee - und er schrieb einen Brief an das Landesmuseum, also an den Kulturschuppen, der das ganze Brimborium mitte "Skulptur 87" bewircht hatte:

"Hamel geehrte Kulturfreier! Hab gestern gedibbert, was der Seeger ausse Schweiz mit dem Kneis und dem Knäbbelanim mänglowiert hat. Gehe davon aus, dat Se auch den Kulturmalochern aussm Münsterland mal ne Schangse geben wolln. Habe mir deshalb erlaubt, meine Pore 'Hilde' und meinen Zossen 'Ferdinand' auffe Ludgeriwie-

Und wie er noch so guckte, kam sein alter Schulfreund Hugo vorbei und sagte ihm, daß das Kunst sei. So ein Kerl aus der Schweiz hätte sich das ausgedacht. Der hätte den Bauern mit dem Pferd und die Bäuerin mit der Kuh mit dem Kran von dem Stadthaus über die Straße auf die Wiese befördert - und das sei jetzt dessen Arbeit für die "Skulptur 87". Venti meinte, daß der Kerl verrückt sei. Aber wirklich verrückt wurde der Bauer aus Kattenvenne, als Hugo ihm sagte, daß der närrische Kerl aus der Schweiz für den Zauber auch noch viel Geld kassieren wolle.

Als Venti abends sehr betrunken wieder nach Hause fuhr, war er wirklich verstört. Aber am anderen Morgen hatte er eine sehr gute Idee - und er schrieb einen Brief an das Landesmuseum, also an das Kulturhaus, das den ganzen Zirkus mit der "Skulptur 87" veranstaltet hatte:

"Sehr geehrte Kulturträger! Ich habe gestern gesehen, was der Mann aus der Schweiz mit dem Bauern und der Bäuerin angestellt hat. Ich gehe davon aus, daß Sie auch den Kulturschaffenden aus dem Münsterland einmal eine Chance geben wollen. Ich habe mir deshalb erlaubt, meine Kuh 'Hilde' und mein Pferd 'Ferdinand' auf die

se zu bugsieren. Wie Sie selbst dibbern können, hat mein Kunststück den Vorteil, dat es auch noch tippeln kann. Wenn Se die Balachesen - also den Zaster, wo Honorar heißt - auf mein Konto bei de Spadaka in Kattenvenne bugsieren wollen ... Nehme aber auch Lowi bar auffe Feme. Euer Venti!"

Ludgeriwiese zu schaffen. Wie Sie selbst sehen können, hat mein Kunstwerk den Vorteil, daß es auch noch laufen kann. Wenn Sie das Geld - also den Zaster, der Honorar heißt - auf mein Konto bei der Spadaka in Kattenvenne überweisen wollen ... Ich nehme aber auch Geld bar auf die Hand. Euer Venti!"

37. STOOF BEI DE POLITFREIER

Ömmes! Die Leute schmusen immer, Politick sei langweilig. Aber, maschemau, wenn ich so dibber, was anno 89 in Münster ambach war - das war hamel spannend. Wie wenn die Preußen gegen Schalke flemmen. Und hätte nicht viel gefehlt, dann wäre 89 in Münster das "Jahr des Anims" geworden. Gleich zweimal wollten die Kalinen den münsterischen Mackers die Macht schoren ...

Es begann damit, dat Hermann, der Obermacker vom Stadtbeis, die Klamotten hinschmiß, weil die Sozis ihm immer auffe Zomen gelatscht ham. Von wegen Klarabeis und so.

Moneten-Milbradt - der, wo die Feme auffe städtischen Penunzen hat - stand gleich inne Startlöcher. Wollte mit dem Proletenbagger eine Etage

Ömmes! Die Leute sagen immer, Politik sei langweilig. Aber, maschemau, wenn ich so sehe, was im Jahr 1989 in Münster so los war - das war sehr spannend. Wie wenn die Preußen gegen Schalke spielen. Und es hätte nicht viel gefehlt, dann wäre 1989 in Münster das "Jahr der Frau" geworden. Gleich zweimal wollten die Frauen den Männern aus Münster die Macht stehlen ...

Es begann damit, daß Hermann, der Chef im Stadthaus, das Handtuch warf, weil die Sozis ihm immer auf die Füße getreten haben - wegen des Klarastiftes und so weiter.

Moneten-Milbradt - der die Hand auf den städtischen Geldern hat - stand gleich in den Startlöchern. Er wollte mit dem Paternoster eine Etage höher,

höher, die Maloche von Hermann übernehmen. Aber Schotter-Schorsch hatte die Rechnung ohne das Anim aus Bielefeld gemacht. Die hieß Iris und war hamel mucker. Die hat die Seegers im Rat so kolone gelabert, dat die hinterher keine Zerche mehr hatten, was ambach war. Gab hamel Stoof bei den Polit-Freiern. Und bei der Wahl? Laulone - weder Obermacker noch Oberkaline.

Maschemau, da ham die Münsteraner Massel gehabt, dasse überhaupt noch einen ausbaldowert ham, der die Maloche im Stadtbeis machen wollte: den Freier aus Fulda, der als Koten schon mal hier inne Bendine gewohnt hat.

Und dann die Sache mit unserm Twenny. Maschemau, war dat spannend. Die Sozis wollten Münsters Obermacker mit 'ner Kaline aussm Ratsbeis mänglowieren. Das war hamel jovel ausklamüsert. Rote Marion gegen schwatten Macker. Aber die Tiftel-Truppe, die von dem Hanno-Hegel, war mucker - und hat noch mal richtig mit ihrem Parade-Zossen auf die Sahne gehaun.

Am 1. Oktober is die CDU noch einmal mit blaue Döppen davongekommen. Aber Twenny muß aufpassen, daß die Kalinen ihm nicht trotzdem das Pani abgraben. Denn seine

die Arbeit von Hermann übernehmen. Aber Schotter-Schorsch hatte die Rechnung ohne die Frau aus Bielefeld gemacht. Sie hieß Iris und war sehr clever. Die hat die Männer im Rat so schwindelig geredet, so daß sie hinterher keinen Begriff mehr davon hatten, was eigentlich los war. Es gab viel Streit bei den Politikern. Und bei der Wahl? Nichts - weder der als Chef noch die als Chefin.

Maschemau, da haben die Münsteraner Glück gehabt, daß sie überhaupt noch einen ausfindig gemacht haben, der die Arbeit im Stadthaus machen wollte: den Kerl aus Fulda, der als Kind schon einmal hier in der Gegend gewohnt hat.

Und dann die Sache mit unserem Twenny. Maschemau, war das spannend. Die Sozis wollten Münsters Chef mit einer Frau aus dem Ratshaus herausdrängen. Das war sehr gut erdacht. Die rote Marion gegen den schwarzen Kerl. Aber die Kirchentruppe, die von dem Burschen namens Hanno, war schlau - und hat noch einmal richtig mit ihrem Parade-Pferd aufgetrumpft.

Am 1. Oktober ist die CDU noch einmal mit blauen Augen davongekommen. Aber Twenny muß aufpassen, daß die Frauen ihm nicht trotzdem das Wasser abgraben. Denn seine bei-

beiden Vertreter sind nun Anims. Nich nur die "rote Marion" vonne Sozis, sondern auch die "schwatte Hilde".

Und 1990 wird auch spannend. Im Mai der nächste Urnen-Schemm. Landtagswahl. Und Twenny is wieder mit von der Partie. Der will den Viginenschiebern in Dussel-Kaff nämlich mal zeigen, wat ne westfälische Harke ist ...

den Vertreter sind nun Frauen. Nicht nur die "rote Marion" von den Sozis, sondern auch die "schwarze Hilde".

Und 1990 wird auch spannend. Im Mai ist nämlich der nächste Urnen-Gang. Landtagswahl. Und Twenny ist wieder mit von der Partie. Er will den Angebern in Düsseldorf nämlich einmal zeigen, was eine westfälische Harke ist ...

c. Fiktion

38. MITTM TRALLI NACH KOTENBEIS

An einem Tag in meine Ferien, als ganz jofele Chamine war, schmonselte meine Mama morgens zu mich: "Heini, zieh dich die Sonntagskowe an, wir schäften nach die Knäbbels." Mein Kumpel Theo und meine kotene Schwester schöfelten auch mit. Wir pesten zum Scharett und juckelten von hier mit'n Tralli nach Kotenbeis.

Hier stiegen wir aus, wobei meine kotene Schwester vons Trittbrett fiel, sich das Ponum verschrammte und ihr Zinken hamel sehr blutete.

Nun böschten wir nach unsere Verwandten, die da eine Kneisterei haben. Unser Onkel Janbänd stand gerade vor seine Bleibe. Als der schumme

An einem Tag in meinen Ferien, an dem es ganz schön heiß war, sagte meine Mutter morgens zu mir: "Heini, zieh dir deine Sonntagskleider an, wir gehen zu den Bauern." Mein Kumpel Theo und meine kleine Schwester gingen auch mit. Wir gingen zum Bahnhof und fuhren von dort mit dem Zug nach Kinderhaus.

Hier stiegen wir aus, wobei meine kleine Schwester vom Trittbrett fiel und sich das Gesicht verletzte - ihre Nase blutete sehr stark.

Dann gingen wir zu unseren Verwandten, die dort einen Bauernhof haben. Unser Onkel Janbänd stand gerade vor seinem Haus. Als der dicke

Seegers uns da mit dollar Mann muk-
kerte, reunte er hamel mies aus seine
Röllekes und schmuste: "Geht men
nach Gurkemöllers, wir haben selbst
nichts zu achilen." Da fing unser Mama
an zu planegen. Theo und ich hatten
hamel sehr Rochus auf den schofelen
Seegers.

Nun kam unser Tante Klara mit ihre
krummen Masminen angeteilacht. Sie
schmergelte sich einen und ließ uns in
Beis kommen. Hier durften wir uns
alles bediwwern. Wir waren von'ne
Klötze über den jofelen Schontebeis.
Vor die Fineten im Kuhstall hingen
toffte Gardinen. Im Schweinestall zi-
rochte es nach 4812. Anne Decke hing
ein Kronleuchter aus Messing mit sechs
richtige Birnen drin. Die Schweine
belinsten sich den ganzen Tag die
Oelgemälde an die Wände. Wenn die
Tiere was auf den Teppich bronselten,
kam Emma mit bes Staubsaugers.
Emma, das war die Magd, ein schäbi-
ges Rirkelkaninchen mit Kneisterschie-
ne. Als sie uns rakawelte, kriegte sie
ein knallrotes Mui.

Mittags gahs jofel was zu spagazen.
Theo und ich haben uns hamel sehr
dahinter gestemmt.

Nach die Achile durften wir auf die
Wiese etwas pölen. Einige Kafferusen
von Fortuna Kotenbeis flemmten auch
mit. Am linken Tor stand ein Zenger-

Kerl uns Vier bemerkte, guckte er sehr
betreten aus der Wäsche und sagte:
"Geht doch zu Gurkemöllers, wir haben
selbst nichts zu essen." Da fing unsere
Mutter an zu weinen. Theo und ich
hatten eine riesengroße Wut auf den
blöden Kerl.

Nun kam unsere Tante Klara mit
ihren krummen Beinen angelaufen. Sie
grinste und ließ uns ins Haus kommen.
Hier durften wir uns alles ansehen. Wir
waren von den Socken vonwegen der
schönen Toilette. Vor den Fenstern im
Kuhstall hingen schöne Gardinen. Im
Schweinestall stank es nach 4812. An
der Decke hing ein Kronleuchter aus
Messing mit sechs richtigen Birnen
darin. Die Schweine betrachteten den
ganzen Tag die Ölgemälde an den
Wänden. Wenn die Tiere etwas auf den
Teppich machten, kam Emma mit zwei
Staubsaugern. Emma, das war die
Magd, ein häßliches, verlebtes Mäd-
chen mit Brille. Als sie uns ansprach,
bekam sie ein puterrotes Gesicht.

Mittags gab es etwas Gutes zu essen. Theo und ich haben uns richtig
darüber hergemacht.

Nach dem Essen durften wir auf der
Wiese etwas Fußball spielen. Einige
Bauern von Fortuna Kinderhaus spiel-
ten auch mit. Am linken Tor stand ein

ling mit seinem Anim und bediwwerte sich das Spiel. Einmal flankte ich nach Theo, der schoss direkt auf die Bude, aber die Asse flog das Anim mitten in die Schmiege! Die fiel vor Schrecken auf den Tonginus, und darüber war ihr Seeger hamel spe. Er krallte sich die Asse und wollte damit pleite böschen.

Als er gerade krick ging, teilachten wir hinterher und vermackelten den Chalo das Löw so sehr, dass er aus seine Röllekes nicht mehr kneistern konnte.

Nachdem wir dann noch anständigen Bauernkaro gefrengelt und richtigen Bohnenkaffee geschickert hatten, reunte unser Mama auf den Osning und schmuste: "Gleich fährt unser Tralli wieder um."

Bevor wir jedoch abhauten, tretete ich unser Tante Klara nochmal auf die Zömerlinge wegen ein paar Jarikes, sie aber muckerte: "Lau oser!" Nachdem ihr Theo aber reeste, dass wir sie gerne besummen wollten, denn wir hatten ja Balagesen satt, steckte sie uns bees Jarikes in die Chitten.

Wir hätten gerne noch 'nen koten Vers Butter bewirgt, aber lau lone. Dafür drückte uns Tante Klara kimmel Knirften mit Rübenkraut in die Femen - für unterwegs.

Als wir unseren Vatter in'n Beis alles schmonselten und er die kotene Schore knispelte, schüttelte er nur sei-

Kerl mit seinem Mädchen und schaute sich das Spiel an. Einmal flankte ich auf Theo, der schoß direkt auf das Tor, aber der Ball flog dem Mächen mitten in das Gesicht. Die fiel vor Schrecken auf den Hintern, und darüber war ihr Kerl sehr wütend. Er nahm sich den Ball und wollte damit wegrennen. Als er gerade abhauen wollte, liefen wir hinterher und schlugen dem Kerl so sehr ins Gesicht, daß er nicht mehr aus den Augen schauen konnte.

Nachdem wir dann noch eine deftige Bauernstulle gegessen und richtigen Bohnenkaffee getrunken hatten, schaute unsere Mama auf die Uhr und sagte: "Gleich fährt unsere Bahn wieder zurück."

Bevor wir jedoch losgingen, trat ich unserer Tante Klara noch einmal wegen ein paar Eiern auf die Füße, sie aber sagte: "Nichts mehr!" Nachdem ihr Theo aber erklärt hatte, daß wir sie gerne bezahlen wollten, denn wir hatten ja Geld genug, steckte sie uns zwei Eier in die Taschen.

Wir hätten gerne noch ein kleines Stück Butter geschenkt bekommen, aber nichts da. Dafür drückte uns Tante Klara drei Butterbrote mit Rübenkraut in die Hand - für unterwegs.

Als wir unserem Vater zu Hause alles erzählten und er die kleine Ausbeute sah, schüttelte er nur seinen Kopf

nen Schandussel und wünschte allen gnesigen Rirkeln 'nen Balg voll Schmisse und was auf's Jöl.

und wünschte allen geizigen Bauern eine Tracht Prügel und was auf die Augen.

39. HEINI, DER LAPANENMALOCHER

Sie ist schon ein kurantes Anim, die Tochter von Heini. Sieht tschukker aus, hat ne jovle Figur, und Zömkes hat die ambach, daß die Hegels reine nerwelo werden, wenn sie die Geue muckern, und wie gammine Keilofs hinter sie her teilachen.

In dem Laden, wo sie Masminen verkindigt, reunen die Kunden lau oser die Meierlinge, sondern das tschuckere Ponum von der Schikse. Aber tschi oser, sie hat bereits einen festen Makker, der kommt aus jovlem Beis, sein Alter ist einer der Obermackers unserer Stadt.

Heini, der Lapanenmalocher ist und ne schofle Rakewele bescht, hat doch nen fers More, wenn die Bes bald gasseln; denn er kneistert jetzt schon die Muikes, die ihm und seine Alsche von oben bis unten anreunen. Kendor, schauter, Heini hat richtig gemuckert; denn bei der Trauung in der Tiftel ging die Mispoke schon los, und obwohl der Gallag tofte rakewelte, so daß Heinis Alsche plannigen mußte und er selbst

Sie ist schon ein hübsches Mädchen, die Tochter von Heini. Sie sieht gut aus, hat eine gute Figur, und Beine hat die, daß die Männer geradezu verrückt werden, wenn sie das Mädchen sehen, und wie läufige Hunde hinter ihr herlaufen.

In dem Laden, wo sie Schuhe verkauft, betrachten die Kunden weniger die Schuhe als das schöne Gesicht von dem Mädchen. Aber nichts da, sie hat bereits einen festen Freund, der aus gutem Hause kommt. Sein Vater ist einer der Einflußreichen unserer Stadt.

Heini, der Bauarbeiter ist und eine üble Sprache spricht, hat doch ein bißchen Angst, wenn die beiden bald heiraten; denn er sieht jetzt schon die Gesichter, die ihn und seine Frau von oben bis unten anstarren. Mensch, man weiß doch: Heini hat das richtig gesehen; denn bei der Trauung in der Kirche ging das Theater schon los, und obwohl der Pfarrer gut predigte, so daß Heinis Frau weinen mußte und er selbst

Pani in den Döppen hatte, muckerten sie hame die hochnäsigen Schmiegen von den Dickbälgern. Warum mußte ihr Romdi auch son besseren Schetz gasseln, wo es doch auch unter Malochern tofte Segers gibt. Ach Schonte, soll ihm die ganze Dickbälgersippschaft am Tokus malochen, die doch kein heib schauwer ist. Die Hauptsache ist, daß die Bes glücklich sind. Heini reunte stikum in der Tiftel herum und muckerte die elegante Kowe von den Rackelis. Wenn Dr. Szimmek die gediwwert hätte, mascheminus, der hätte Bambonum gemacht, denn wegen so einer Toflen wird manches Tier mulo gemacht.

Jovlen Pelzkafters der Toflen! Den halben zoologischen Garten hatten die auf dem Balg hängen, wenn das der Grzimmeck gediwert hätte, maschemau: der wäre ans plannigen gefangen, und erst die Bassels, die sie an die Femen, da konnte man kneistern, wo die Masummes beschte.

Als die Tiftel aus war, reunte Heini die schummen Wuddis, dagegen war sein kotener hame schofel. Später, als sie in einer Katschemme waren, wo es was zu mampfen und schickern gab, teilachten die Kellner, die aussahen wie Pinguine, durch die Bondine und schlörten die Achile. So etwas hatte Heini noch nie gekneistert, mascheminus: mit der Lapane konnte er ömmes

Tränen in den Augen hatte, bemerkten sie deutlich die hochnäsigen Mienen der Reichen. Warum mußte ihr Mädchen auch so einen besseren Mann heiraten, wo es doch auch unter Arbeitern gute Kerle gibt. Ach Scheiße, soll ihn die ganze reiche Sippschaft am Arsch lecken, die doch kein bißchen besser ist. Die Hauptsache ist, daß die beiden glücklich sind. Heini sah sich heimlich in der Kirche um und bemerkte die elegante Kleidung der Frauen. Wenn Dr. Grzimek die gesehen hätte, mascheminus, der hätte Krach geschlagen! Denn wegen so einer Alten wird manches Tier getötet.

Wegen der kostbaren Pelzmäntel dieser alten Tanten! Den halben zoologischen Garten trugen die auf der Haut. Wenn das der Grzimek gesehen hätte, maschemau: Der hätte angefangen zu weinen, und erst die Ringe, die sie an den Händen hatten! Da konnte man sehen, wo das Geld sitzt.

Als die Messe zuende war, sah Heini die großen Wagen, dagegen war sein kleiner sehr mickerig. Später, als sie in einer Wirtschaft waren, wo es etwas zu essen und zu trinken gab, liefen die Kellner, die aussahen wie Pinguine, durch die Gegend und brachten das Essen. So etwas hatte Heini noch nie gesehen, mascheminus: mit der Schaufel konnte er natürlich gut umgehen, *bekane scheften, aber mit Plotte und Gabel achilen oser. Sein Tischanim muckerte seine achilerei und zog ne miese Schmiege. Eine Erbsensuppe mit nen toften End Bezinnum wäre Heini lieber gewesen. Er hatte hame Rochus und sich manche Schawele gekappt, bis er pegelschicker war.*

Später bei der Hochzeitzachile, die von Segersen, die aussahen wie Pinguine, serviert wurde, beschte neben Heini ein tschuckeres Anim, die längst muckerte, daß er mit der Achilerei nicht klar kam, und half ihm stikum, dabei reunte er den Körning von der Schikse bei dem hamen Dekoltee, das da ambach war. Er müßte kein Schautermann sein, wenn er da nicht gamm geworden wäre. Später bei der Schwoferei hat er sich die Kaline gekappt, die wie Heini schon manche Schawele gepiert hatte und schon hame schikker war. Sie scherbelte jovel, und er muckerte, daß die Schikse einen Tuck auf ihn hatte, und Heini reunte sich schon mit ihr in der Pofe; aber laulone, die miese Lobbe von seiner Alsche schien zu muckern, Appetit holen ömmes! Aber achilen bei mir.

aber mit Messer und Gabel essen, nein. Seine Tischdame bemerkte seine Art zu essen und machte ein entsetztes Gesicht. Eine Erbsensuppe mit einem schönen Stück Wurst wäre Heini lieber gewesen. Er war sehr zornig und hatte sich manche Flasche genehmigt, bis er randvoll war.

Später bei dem Hochzeitsessen, das von Männern, die aussahen wie Pinguine, serviert wurde, setzte sich neben Heini ein hübsches Mädchen, das längst bemerkt hatte, daß er mit dem Essen nicht klar kam, und half ihm heimlich. Bei dem tiefen Dekolleté, das da geboten wurde, sah er den Busen des Mädchens. Er müßte kein Kerl sein, wenn er da nicht rege geworden wäre. Später beim Tanzen hat er das Mädchen aufgefordert, das wie Heini schon manche Flasche getrunken hatte und schon sehr angeheitert war. Sie tanzte gut, und er merkte, daß das Mädchen ein Auge auf ihn geworfen hatte, und Heini sah sich schon mit ihr im Bett, aber nichts da! Das böse Gesicht seiner Frau schien zu sagen: "Appetit holen, in Ordnung! Aber gegessen wird bei mir!"

40. PANI

Der Krankenschein-Mänglowierer hatte mir geschmust, ich müßte mal was für meinen Körper tun. Als Ausgleich für de Maloche. Ich also letzte Woche statt vor den Kneisterkasten in mein Wuddi - ab nach Roxel in das neue Volkspani.

Da ging die Schonte schon los. Statt nen Kassierer steht da son Schotter-Automat. Und ich kein Kotenmoos. Konnte mir aber son Seegers nen Heiermann kleinmachen.

Ich schemm also in son Umkleide-kabuff, zieh die Masminen aus - und steh schon im Pani. Mußte mein Vorgänger wohl seine Badeplinte in dem Kabuff ausgewrungen haben. Mußte ich mit den nassen Zomen durch die Buxe, war die auch naß. Dann fiel mir das Hemd ins die Muttke, mit dem Schereo bin ich unters Dachgitter geömmelt, die Seife ist mir unter der Tür durchgeflutscht - ich war hame mies.

Da fängt doch in dem Kabuff neben-an son Schautermann laut an zu schallern. Ich denk, mich laust der affe, reun die Wand mal rauf unt runter - was dibber ich: Kneistert der Seeger da durch son paar Löcher und lacht sich nen Ast an. Ich häng dem erst mal

Der Krankenschein-Macher hatte mir gesagt, ich müßte einmal etwas für meinen Körper tun. Als Ausgleich für die Arbeit. Ich also letzte Woche statt vor den Fernseher in meinen Wagen - ab nach Roxel, in das neue Volksbad.

Da ging der Mist schon los. Statt eines Kassierers steht da so ein Geldautomat. Und ich kein Kleingeld. Es konnte mir aber so ein Kerl ein Fünfmarkstück kleinmachen.

Ich gehe also in so eine Umkleidekabine, zieh' die Schuhe aus - und steh' schon im Wasser. Mußte mein Vorgänger wohl seine Badehose in der Kabine ausgewrungen haben. Mußte ich mit nassen Beinen durch die Hose, war die auch naß. Dann fiel mir das Hemd in den Dreck, mit dem Kopf bin ich ans Dachgitter gestoßen, die Seife ist mir unter der Tür durchgeflutscht - ich war sehr sauer.

Da fängt doch in der Kabine neben-an so ein Kerl laut an zu singen. Ich denk, mich laust der Affe, schau die Wand einmal rauf und runter - was seh' ich: Linst der Mann da durch so ein paar Löcher und lacht sich kaputt. Ich häng' dem erst einmal meine Jacke vor

meine Joppe vors Ponum. Dann be-kneister ich mir die andere Wand: auch son paar Löcher. Denke, riskierste mal nen Blick, vielleicht kriegste ja nen toftes anim zu kneistern - aber die Kabache war leer.

Ich also rein ins Pani. Hab so paar Züge durchs Becken gemacht, dibber ich in der Ecke so Kabache, wo dran steht "Fitnes-Raum". Ich zieh also mein Body aus dem Pani, schemm quer durch die Bude - rein in die Fitness-Kabache. Alserts kneister ich so Mucki-Macher, was sonst expander heißt. Ich kapp mir das Dingen und denke, wills dem anim da doch mal verklickern, was son muckern münsterländer macker ist. Aber laulone. War nix. Ich also auf das Standleze, will gerade eine runde pie-seln - komt der obermacker von der Pani-Anstalt: wär sense.

Ich noch mal ins pani, dann unters dröppelpani, brause. Laulone. Abge-schlossen, schon verrammelt. Muß ich mit dem Chlor aufm Balg nach Hause.

das Gesicht. Dann seh ich mir die andere Wand an: auch so ein paar Löcher. Denke, riskierst du einmal einen Blick, vielleicht bekommst du ja ein tolles Mädchen zu sehen, aber die Kabine war leer.

Ich also rein ins Wasser. Als ich so ein paar Züge durchs Becken gemacht hatte, seh' ich in der Ecke so eine Hütte, an der "Fitness-Raum" steht. Ich zieh' also meinen Körper aus dem Wasser, geh' quer durch das Gebäude - rein in den Fitness-Raum. Als erstes seh' ich so einen Muskel-Macher, der eigentlich Expander heißt. Ich nehme mir das Ding und denke, willst du dem Mädchen da doch einmal zeigen, was so ein richtiger Kerl aus dem Münster-land ist. Aber Pustekuchen, war nichts. Ich also auf das Stehrad, will gerade ein bißchen radeln - kommt die Auf-sicht der Badeanstalt: Das wäre verbo-ten.

Ich noch einmal ins Wasser. Dann unter die Dusche, brausen. Nichts da. Abgeschlossen, schon verrammelt. Muß ich mit dem Chlor auf dem Kör-per nach Hause.

41. DA SCHMERGELT DAS LÖW

Beim scherbeln muckerte der Seger, wie das Romdi hame gamm auf ihm ward. Ihre schwarzen Röllekes reunten ihm so verliebt an, das dem Seger mucker war, noch einige jovle Stunden mit ihr zu verbringen. Als er sie nach ihren Beis brachte, schmuste sie, er könne bei ihr pofen. Das ließ der Hegel sich nicht bes mal rackeln. Als er am Morgen die Döppen aufmachte, hätte er bald vor More in die Firche gemeimelt. Bescht doch tatsächlich mit der Plotte in der Feme ein Hegel vor der Pofe und rakewelt zu der Ische: Bleibt der zu Mittag? Dann muß ich noch ein paar Matrelen mehr makeimen. Als der Hegel plete bescht, schmuste der Seger zu der Schikse, ich dachte schon, der macht mich mulo. Warum hast du verschwiegen, das du vergasselt bist? Laulone, bin ich auch nicht, der Hegel ist mein Bruder.

Beim Tanzen merkte der Mann, wie das Mädchen sehr scharf auf ihn wurde. Ihre schwarzen Augen schauten ihn so verliebt an, daß der Kerl darauf bedacht war, noch einige schöne Stunden mit ihr zu verbringen. Als er sie nach Hause brachte, sagte sie, er könne bei ihr schlafen. Das ließ der Mann sich nicht zweimal sagen. Als er am Morgen die Augen aufmachte, hätte er bald vor Angst in das Bett gemacht. Stürzt doch tatsächlich ein Mann mit dem Messer in der Hand zum Bett und sagt zu der Frau: Bleibt der zu Mittag? Dann muß ich noch ein paar Kartoffeln mehr schälen. Als der Mann wieder gegangen war, sagte der Kerl zu der Frau: "Ich dachte schon, der bringt mich um. Warum hast du verschwiegen, daß du verheiratet bist?" "Nichts da, bin ich auch nicht. Der Mann ist mein Bruder."

42. BES SCHAUTERS IM ALTERSBEIS

Schmust der eine, ich habe nen jovlen Traum gehabt. Ich bin mit der Letze durch die blühende Lüneburger Heide gejuchelt. Das Wetter war tofte, und die Vögel schallerten. Ömmes, auch ich träumte was Toftes, meinte der andere Schauter: In meinem Zimmer war ein kurantes Anim ambach. Es war Brigit Bardot, und die hatte überhaupt keine Kowe an. Und die hatte, mascheminus, vielleicht einen Körning. Warum hast du Seger mir denn nicht Bescheid gestossen? Dann wäre ich herübergekommen. Laulone - ging nicht, du warst ja mit der Letze in der Lüneburger Heide.

Sagt der eine, ich habe einen schönen Traum gehabt. Ich bin mit dem Fahrrad durch die blühende Lüneburger Heide gefahren. Das Wetter war gut, und die Vögel sangen. Ömmes, auch ich habe etwas Schönes geträumt, meinte der andere Mann. In meinem Zimmer, da war ein hübsches Mädchen: Es war Brigitte Bardot, und die hatte überhaupt keine Kleider an. Und die hatte, mascheminus, vielleicht einen Busen! Kerl, warum hast du mir denn nicht Bescheid gesagt, dann wäre ich herübergekommen. Nichts da - ging nicht, du warst ja mit dem Fahrrad in der Lüneburger Heide.

43. MALESSEN MITTE DÖPPEN

Bescht nen Seger inne Katschemme und schickert seine Luwine - und die Döppen zucken fortwährend. Nach einiger Zeit teilacht er zum Meimelker und bescht sich neben einen koten Segers. Da muckert er, daß dieser auch das Döppenzucken hat. Na, auch Malessen mit den Döppen? Oser, das spritzt nur so.

Geht ein Mann in die Kneipe und trinkt sein Bier - und die Augen zucken fortwährend. Nach einiger Zeit geht er zur Toilette und stellt sich neben einen kleinen Kerl. Da merkt er, daß dieser auch das Augenzucken hat. Na, auch Probleme mit den Augen? Nein, das spritzt hier nur so.

44. SPEISMAKEIMER UND SCHECHTANIM

Als morgens der Lorenz durch die Finete divverte, mußte Ete ausse Firche. Er rointe nach'n Osnink, der schmuste woff. In sein Poofe-Käfterken zirochte es hame nach Sorroff. Er zog sich seine Kowe an, die er immer beim Schanägeln trug, kapte sich seine Leeze und peste nach 'de Maloche. Seine Alsche hatte ihm ein Maro und eine Schawele Schokolamai gemacht. Ete war Lapanenmalocher bei de Speismakeimer. Seine Schasklamöne mit Paniknüppel und Motek hatte er immer mit auffe Maloche. Er mußte hame wullaken für die paar Balachesen.

Ete hatte kimmel Kotens in'n Beis, olf Ginne und bes Strigos. Das Anim war kaff-hei Jennikes alt. Malochen war lau oser. Die hatte 'ne jofele Schmiege, 'nen toften Tokus und kurante Zohmen, war ein Schechtanim. Sie ging auf die Strehle und bewirchte Balachesen für ihren Schautermann.

Der älteste von den Strigos schanägelte inne Öle. Da konnte er hame Lowi bewirchen. Er hatte aber immer laumasumm, weil er alles verschickerte, aber eine hame Waste, konnte für bes malochen. Einmal ist er mit so'nen Laumalocher beim Sierften gekrallt worden. Die Mispel hatte gekneistert,

Als morgens die Sonne durch das Fenster schien, mußte Ete aus dem Bett. Er schaute auf die Uhr, sie zeigte sechs. In seinem kleinen Schlafzimmer roch es stark nach Schnaps. Er zog sich seine Kleidung an, die er immer beim Arbeiten trug, nahm sich sein Fahrrad und fuhr zur Arbeit. Seine Frau hatte ihm ein Brot und eine Kanne Kaffee gemacht. Ete war Hilfsarbeiter bei den Maurern am Bau. Seine Werkzeugtasche mit Wasserwaage und Hammer hatte er auf der Arbeit immer dabei. Er mußte sehr schwer arbeiten für das bißchen Geld.

Ete hatte drei Kinder zuhause, ein Mädchen und zwei Jungen. Das Mädchen war 25 Jahre alt. Arbeiten war nichts für sie. Die hatte ein schönes Gesicht, einen hübschen Hintern und schöne Beine, sie war eine Prostituierte. Sie ging auf den Straßenstrich und verdiente dort Geld für ihren Mann.

Der älteste der Jungen arbeitete am Kanal. Da konnte er viel Geld verdienen. Er hatte aber nie Geld, weil er alles vertrank, dafür aber eine starke Hand - der konnte für zwei arbeiten. Einmal ist er mit so einem Drückeberger beim Diebstahl geschnappt worden. Die Polizei hatte bemerkt, wie die beiden

*wie die am Lellen waren. Er war muk-
ker und hat bei der Schmier rakawelt,
sie wollten nur Achile bewirchen. Von
wegen Mundraub: Die Mispel hat die
sore gefunden und alle mit'n Wuddi
in'n Schemmbeis gebracht. Jetzt muß
er olf Jennikes in'nen Granigen sitzen.*

*Der beste Striigo war bei 'de Palle-
machonen. Da gab es Achile und Schi-
kern für lau. Nach dollar Jennikes
bewirchte er bar Zaster auffe Waste.
Er wollte keinen Stoof mit de' Boofken,
wollte nur auf'n Schock massematten.
Wenn er genug Moos bewircht hätte,
wollte er ein Anim gasseln, die Bassels
hatte er schon gebickt.*

dabei waren zu stehlen. Er war gerissen
und hat der Polizei erzählt, daß sie nur
Essen besorgen wollten. Von wegen
Mundraub: Die Polizei hat das Diebesgut gefunden und alle beide mit dem
Wagen ins Gefängnis gebracht. Jetzt
muß er ein Jahr im Gefängnis sitzen.

Der beste von den Jungen war beim
Militär. Da gab es kostenlos Essen und
Trinken. Nach vier Jahren erhielt er
sein Geld bar auf die Hand. Er wollte
keinen Ärger mit den Ganoven haben,
wollte nur auf dem Jahrmarkt Geschäfte machen. Wenn er genug Geld verdient hätte, wollte er ein Mädchen
heiraten, die Ringe hatte er schon gekauft.

45. ACHILE BICKEN

*Ete seine Alsche schmuste: "Ete,
ich muß Achile bicken. Ich hab lau
Masumm auf de Chatte." Ete kneistere
erst 'nen tix nerbelo und gab ihr mai
Schuck. Bring Fluppen, ne Schawele
Schabau und ne Lowine mit. Erna holte
sich die Leetze aussen Beis und peste
plete.*

*Der Laden lag in ihr Ker. Unter-
wegs kam sie anne Tiftel vorbei. Der
Challach stand aufe Strehle. Erna hielt
an und rackawelte mit ihm über die*

Etes Frau sagte: "Ete, ich muß Essen einkaufen. Ich habe kein Geld in
der Tasche." Ete schaute erst ein wenig
verduzt und gab ihr einhundert Mark.
Bring Zigaretten, eine Flasche Schnaps
und eine Flasche Bier mit. Erna holte
sich das Fahrrad aus dem Haus und
fuhr davon.

Der Laden lag in ihrer Umgebung.
Unterwegs kam sie an einer Kirche
vorbei. Der Priester stand auf der Straße. Erna hielt an und sprach mit ihm

schoflen Zeiten. Alles wäre hame jak-
kes. Die Hegels waren alle tofte, zogen
ihren Obermann und schmusten "gu-
ten Tag". Die Kotens kamen aus de
Schule, böschten durch de Bendine und
machten hame Bambonum, bevor sie
nachn Backs schemmten.

Erna fuhr weiter mit ihren Knete-
mann nach Hill. Sie war mucker. Sie
kneisterte erst, wo sie besolt bewirchen
konnte. Für Sonntag wollte sie erst
Zossenbose bicken. Dann hat sie doch
nen Stück Bose vom Schassörchen
bewircht. Bes Maros brauchte sie noch.
Ihre Hegels innen Beis brauchten je-
den Tag ne Kille mit Bezinnum. Ein
Kachelin für die Suppe und ne kotene
Ganti bickte sie noch. Sonntag kam die
ganze Mispoke zum frengeln. Die hat-
ten immer ihre Kotens bei sich, kamen
nur zum schasken und achilen.

Erna war jetzt schon halb kolone.
Sie bickte noch einen Beutel Matrelen.
Davon konnten sich alle den Newes
vollhauen, bis ihnen die Döppen über-
liefen. Kaff Jarikes packte sie auch
noch ein. Früher holte Ete die Sachen
immer bei de' Chalos. Erna mußte ne
hame Macke beschollen. Sie packte die
ganze Sore auf ihren Knetemann und
juckelte nachn Beis.

Auf de Strehle fing es an zu meimeln.
Sie setzte ihren Dohling auf. Ihre Kowe
und die Masminen waren schon hame

über die schlechten Zeiten. Alles wäre
sehr teuer. Die Männer waren alle
freundlich, zogen ihren Hut und sagten
"guten Tag". Die Kinder kamen aus der
Schule, tollten durch die Gegend und
machten viel Krach, bevor sie nach
Hause gingen.

Erna fuhr mit ihrem Fahrrad weiter
zu Hill. Sie war schlau. Sie schaute sich
erst um, wo sie billig etwas bekommen
konnte. Für Sonntag wollte sie erst
Pferdefleisch kaufen. Dann hat sie doch
ein Stück Schweinefleisch besorgt.
Zwei Brote brauchte sie noch. Ihre
Männer zuhause brauchten jeden Tag
ein Butterbrot mit Wurst. Ein Hühn-
chen für die Suppe und eine kleine
Gans kaufte sie noch. Sonntag kam die
ganze Verwandtschaft zum Essen, die
hatten immer ihre Kinder mit, kamen
nur, um zu trinken und zu essen.

Erna war jetzt schon halbwegs ent-
nervt. Sie kaufte noch einen Beutel
Kartoffeln, davon konnten sie sich alle
den Bauch vollschlagen, bis ihnen die
Augen übergingen. Zwanzig Eier packte sie auch noch ein. Früher holte Ete
die Sachen immer bei den Bauern. Erna
mußte sehr viel bezahlen. Sie lud den
ganzen Einkauf auf ihr Fahrrad und
fuhr nach Hause.

Auf der Straße fing es an zu regnen.
Sie setzte ihren Hut auf. Ihre Kleidung
und die Schuhe waren schon ziemlich

naß. Als sie rechtemai inne Biege wollte, teilachten bes Juchelos vor die Leetze. Sie wäre beinahe auf den Tokus gefallen. Da kam son Schauter von ne Knispel vorbei und hat den Keilofs einen makeimt. Erna hatte Rochus auf die Tölen. Inn Beis hat Ete hallas gemacht, weil die ganze Achile so hame jackes ist. Er schmuste was von Brand und hat sich einen Pilo und ne Lowine geschickert.

naß. Als sie rechts abbiegen wollte, liefen ihr zwei Hunde vor das Fahrrad. Sie wäre beinahe auf den Hintern gefallen. Da kam so ein Kerl von der Polizei vorbei und hat nach den Hunden getreten. Erna ärgerte sich über die Hunde. Zuhause hat Ete Theater gemacht, weil all das Essen so teuer ist. Er murmelte etwas von Durst und trank einen Schnaps und ein Bier.

46. SCHAUTERMÄNNER, SCHOCK UND SCHWOOF

Am Burkamt war Hochbetrieb, die Masummes bekane. Die paar Tackens Burklobi reichten hinten und vorne nicht. Man mußte schon kochum sein, wenn man in der schoflen Zeit, da es mit der Maloche oser war, was bewirchen wollte. Viele teillachten zu den Hachos, um sich was zu mangewelen, andere beschten auf der Straße und schallerten. Auch die Gallache wurden abgestuckt, aber die ließen sich oser kneistern, sondern schickten ihr Beisanim, die den Mangewelern eine Knirfte in die Feme drückte.

Da war nun auch ein Gallach in Münster, der war hame jovel und bei den Malochern beliebt, weil jeder von ihm was bewirchen konnte, und außer-

Auf dem Arbeitsamt war Hochbetrieb, da gab es Geld. Die paar Groschen Stempelgeld reichten hinten und vorne nicht. Man mußte schon pfiffig sein, wenn man in der schlechten Zeit, in der es keine Arbeit gab, etwas verdienen wollte. Viele gingen zu den Bauern, um sich etwas zu erbetteln, andere gingen auf die Straße und sangen. Auch die Priester wurden blankgemacht, aber die ließen sich nicht sehen, sondern schickten ihre Haushälterin, die den Bettlern eine Schnitte in die Hand drückte.

Da war nun auch ein Priester in Münster, der war sehr in Ordnung und bei den Arbeitern beliebt, weil jeder von ihm etwas bekommen konnte, und

dem hegte er die Masematte. Was er an Lobi plete gab, manschte er sich wieder von den Dickbälgern. Auch für die Knastologen im Schembeis setzte er sich ein, und mancher Schorbruder konnte es ihm verdanken, daß er nicht wieder in den Pittermann mußte.

Eine jovle Nummer bei dem Gallach hatten Heini und Jupp, denn die waren als Kotens im Tiftelchor von dem Gallach. Die beiden Schautermänner wollten mit dem Knetermann eine Tour zum Rhein unternehmen und schmusten ihm, ob er ihnen eine Flebbe schreiben könnte, so eine Art Empfehlungsschreiben, und da er über Münsters Grenzen bekannt, könnten sie mit dieser Flebbe doch manche Hilfe bewirchen.

Zuerst wollte er nicht, da er More hatte, daß die beiden die Flebbe ausnutzen und jeden Gallach anmanschten. Aber dann masselte es doch. Die beiden leetzten los. In Teewinden und Tiftelbeiskes bewirchten sie auf die Flebbe, die wie bar Lobi war, die jovelste Achile. Firchen taten sie in Kolpingbeiskes oder Katschemmen, das der Gallach aus dem Kaff besolmte.

Einmal poften sie im Tiftelbeis, und als Heini des nachts meimeln mußte, muckerte er kein Schontker, und was tat der Schautermann? Er meimelte aus der Finete! Drunter beschte ein

außerdem sprach er Masematte. Was er an Geld abgab, holte er sich von den Reichen wieder herein. Auch für die Knastbrüder im Gefängnis setzte er sich ein, und mancher Dieb hatte es ihm zu verdanken, daß er nicht wieder in das Gefängnis mußte.

Einen Stein im Brett bei dem Priester hatten Heini und Jupp, denn sie waren als Kinder im Kirchenchor des Priesters gewesen. Die beiden Männer wollten mit dem Fahrrad eine Tour zum Rhein unternehmen und fragten ihn, ob er ihnen ein Papier ausstellen könnte, so eine Art Empfehlungsschreiben, und da er über Münsters Grenzen bekannt sei, könnten sie mit diesem Papier doch manche Hilfe bekommen.

Zuerst wollte er nicht, da er Angst hatte, daß die beiden das Papier ausnutzten und jeden Priester anbettelten. Aber dann glückte es doch. Die beiden radelten los. In Krankenhäusern und Kirchen bekamen sie auf das Papier hin, das wie bares Geld war, das beste Essen. Sie schliefen in Kolpinghäusern oder Gaststätten. Das bezahlte der Priester aus dem Dorf.

Einmal schliefen sie in der Kirche, und als Heini des nachts pinkeln mußte, fand er kein Klo. Und was tat der Kerl? Er pinkelte aus dem Fenster! Darunter ging ein Blechdach ab, und

*Blechdach, und das machte ein Bam-
bonum, als wenn ein M.G. ballerte. Als
das Jupp muckerte, wurde er hame
mies: "Du bist wohl nerbelo, Seger,
aus der Finete zu meimeln. Wenn das
die Tiftelanims muckern, ist hame was
los, dann können wir Platte reißen."
Aber oser, die Romdis mußten fest
gepoft haben.*

*Als die beiden inzwischen an der
Mosel waren, kindigten sie sich kimmel Schawelen Wein, und als sie diese
geschickert hatten, muckerten sie die
Mosel besmal. Heini wäre beinahe ins
Pani gefallen. In einem Kaff war Schock
und überall Schwof. Das war was für
Heini und Jupp, die jovel scherbeln
konnten. Deshalb hatten sie auch einen
hamen Schlag bei den Romdis. Aber
die Hegels in dem Kaff wurden mies,
und sie mußten die Plate putzen, sonst
hätten sie Mackes bewircht. Das Wetter wurde auch schofel. Es meimelte.
Da hatten sie keinen Mumm mehr und
leetzen nach Beis. Als sie wieder in
Münster waren, beschten sie zum Gallach, um sich zu bedanken.*

das machte einen Lärm, als wenn ein
M.G. feuerte. Als das Jupp merkte,
wurde er sehr böse: "Du bist wohl
verrückt, Kerl, aus dem Fenster zu
pinkeln. Wenn das die Frauen von der
Kirche merken, ist schwer was los,
dann können wir Reißaus nehmen."
Aber nichts da - die Frauen mußten fest
geschlafen haben.

Als die beiden inzwischen an der
Mosel waren, kauften sie sich drei
Flaschen Wein, und als sie diese getrunken hatten, sahen sie die Mosel
doppelt. Heini wäre beinahe ins Wasser gefallen. In einem Dorf war Kirmes
und überall Tanz. Das war etwas für
Heini und Jupp, die gut tanzen konnten. Deshalb kamen sie auch bei den
Mädchen gut an. Aber die Kerle in dem
Dorf wurden böse, und sie mußten sich
aus dem Staub machen, sonst hätten sie
Prügel bezogen. Zudem wurde das
Wetter schlecht. Es regnete. Da hatten
sie keine Lust mehr und radelten nach
Hause. Als sie wieder in Münster waren, gingen sie zum Priester, um sich zu
bedanken.

47. TOFTE TIPPELTOUR

Also, da beschte ich neulich in ne Katschemme. Am Tresen pierte ich genüßlich meine Luwinchen. Da mukkerte ich meinen alten Spezi Lallizom. Der heißt eigentlich Teddo, aber seit ich ihn kenn, hat er den Spitznamen Lallizom weg. Als Koten war er beim Äppelschoren vom Baum gefallen, dabei ging ihm sein Zimonsen maschulle. Als er mich diwerte, schmergelte er über sein ganzes Muiken. Das Wiedersehen mußte gefeiert werden, und so wurden dann auch etliche Quinnis und Chavelchen verkasematukt. Als wir die nötige Fircheschwere hatten, wollte der Kower Lobi bei uns kneistern, denn wir hatten ne hame Latte gemacht. Aber wir hatten laulone so viel Poscher in die Gatten, und nu wollten wir bei den Kower ne Malme machen. Aber lau oser, der hatte längst gemuckert, daß wir Lauschöpper waren. Lallizom gab dem Kower einen jovlen Osnik als Pfand. Das akzeptierte der Kower. Ich wußte, daß Lallizom ein alter Schorbruder war und muckerte längst, als ich die wertvolle Kabane reunte, daß sie gelellt war. Wenn wir zwei früher mit dem Letzmann nach den Kaffern zum Talfen fuhren, nutzte er jede Gelegenheit, um zu schoren, sei es Jarikes oder Kachelins oder ne Macke Pose vom Schassor.

Also, da ging ich neulich in die Kneipe. Am Tresen trank ich genüßlich meine Bierchen. Da bemerkte ich meinen alten Freund Hinkebein. Der heißt eigentlich Teddo, aber seit ich ihn kenne, hat er den Spitznamen Hinkebein. Als Kind war er beim Äpfelstehlen vom Baum gefallen, dabei hat er sich das Bein verletzt. Als er mich sah, grinste er über das ganze Gesicht. Das Wiedersehen mußte gefeiert werden, und so wurden dann auch etliche Schnäpse und Fläschchen getrunken. Als wir die nötige Bettschwere hatten, wollte der Wirt Geld von uns sehen, denn wir hatten einen großen Deckel gemacht. Also, wir hatten nicht so viel Geld in der Tasche, und nun wollten wir bei dem Wirt anschreiben lassen. Aber nichts da, der hatte längst gemerkt, daß wir Nassauer waren. Hinkebein gab dem Wirt eine schöne Uhr als Pfand. Das akzeptierte der Wirt. Ich wußte, daß Hinkebein ein alter Dieb war und merkte gleich, als ich die wertvolle Uhr sah, daß sie gestohlen war. Als wir zwei früher mit dem Fahrrad zu den Bauern betteln gefahren sind, nutzte er jede Gelegenheit, um zu klauen, seien es Eier oder Hühner oder ein Stück Schweinefleisch.

Ich selbst hielt nix von die Schorerei und hatte hame More, so daß ich immer plete beschte und aus sicherer Entfernung die Lage peilte. Als Teddo mal wieder auf die Lelletour beschte, hörte ich ihn laut um Hilfe bölken, und ich dachte, jetzt haben se ihm die Hachos gekappt und makeimen ihm. Als ich stikum zurück teilache, kneistere ich laulone Chalos, aber, oh maschiminus, den Lallizom inne Jauchegrube. Bis anne Strotte beschte der Seeger inner Schonte. Durch den Bambonum kam die Kaffernalsche aus dem Ker geteilacht. Ihre Döppen wurden groß wie Matrelen, als sie den Schontermeier diwerte. Sie und ich haben ihn aus der Meimelatur gehievt. Der Hegel zirochte so hame, daß mir schofel wurde. Während die Chaloschikse ihm sein Kowe reinigte und partout wissen wollte, wieso er da ambach war, schmuste der kochume Seegers, nach den Sebelbeis gewollt zu haben. Dabei sei er, weil ein Brett aufm Balken muchulle war, plümpsen gegangen.

Später, als er seine getrockenen Piselotten wieder anhatte, bewirchten wir noch ne toffe Achile, und zum Abschied drückte uns die Knebbeltrine noch ne Macke Mast in die Feme. Während wir wieder auf unseren Knetermann beschten, um nach Beis zu jucheln, mußte ich doch hame schmer-

Ich selbst hielt nichts von der Klauerei und hatte große Angst, so daß ich immer weglief und aus sicherer Entfernung die Lage beobachtete. Als Teddo einmal wieder auf Diebestour ging, hörte ich ihn laut um Hilfe rufen, und ich dachte, jetzt haben ihn die Bauern geschnappt und schlagen ihn zusammen. Als ich heimlich zurückschleiche, sehe ich keine Bauern, aber, oh maschiminus, Hinkebein in der Jauchegrube. Bis zum Hals steckte der Mann in der Scheiße. Wegen des Krachs kam die Bauersfrau aus dem Haus gelaufen. Ihre Augen wurden groß wie Kartoffeln, als sie den Scheißkerl bemerkte. Sie und ich haben ihn aus der Jauche gezogen. Der Kerl stank so sehr, daß mir schlecht wurde. Während die Bauersfrau ihm die Kleider saubermachte und partout wissen wollte, wieso er da drin war, sagte der schlaue Kerl, zum Klo gewollt zu haben. Dabei sei er, weil ein Brett auf dem Donnerbalken kaputt war, baden gegangen.

Später, als er seine getrockneten Kleider wieder anhatte, bekamen wir noch ein gutes Essen, und zum Abschied drückte uns die Bauersfrau noch ein Stück Speck in die Hand. Während wir wieder auf unser Fahrrad stiegen, um nach Hause zu fahren, mußte ich doch sehr grinsen über Hinkebeins

geln über Lallizoms unfreiwilliges *Plümpsen. Er hatte wohl seinen Schlammasseltag, denn auf dem Weg nach Beis meimelte er ausgerechnet an einen elektrischen Weidezaun. Dabei kriegte er hame einen geburkt.*

unfreiwilligen Reinfall. Er hatte wohl seinen Unglückstag, denn auf dem Weg nach Hause pinkelte er ausgerechnet an einen elektrischen Weidezaun. Dabei kriegte er ganz schön einen gewischt.

48. VIGINENSCHIEBER UND LAUMALOCHER

Als ich neulich durch Münsters jovle Stube teilachte, diwerte ich einen alten Bekannten. Es war Pölle, Viginenschieber und Laulonmalocher. Was das Scharnegeln betrifft, so iss er kein heib schauver bei zwei linke Feme. Man sollte meinen, daß er oser Lobi bescht, aber, mascheminus, der Seegers hegt ne tofte Kowe, trägt an der Feme nen echten Bassel - mindestens seine Telofe wert. Von der Kabane, die ich bei ihm muckere, will ich man gar nich rakewelen. Die schuckt ömmes mehr. Womit kann der Pölle das bloß besolmen, wo der doch oser malocht. Bescht der auf die Lelletour, oder er hegt eine Kaline, die auf den Talon teilacht und für ihn die Masummes anschafft?

Aber tschi oser, so ist das dann doch nicht. Als wir später bei der Kowerin Lucie am Tresen unser Luwinchen schickerten, schmuste Pölle mir im

Als ich neulich durch Münsters gute Stube ging, sah ich einen alten Bekannten. Es war Pölle, ein Aufschneider und Faulpelz. Was das Arbeiten betrifft, so ist er kein bißchen besser - bei zwei linken Händen. Man sollte meinen, daß er kein Geld hat, aber, mascheminus, der Kerl hat gute Kleidung, trägt einen echten Ring an der Hand - mindestens einen Tausender wert. Von der Uhr, die ich an ihm sehe, will ich mal gar nicht sprechen. Die kostet natürlich noch mehr. Womit kann der Pölle das bloß bezahlen, wo der doch gar nicht arbeitet. Geht der auf Diebestour, oder hat er ein Mädchen, das auf den Strich geht und für ihn das Geld anschafft?

Aber nichts da, so ist das dann doch nicht. Als wir später am Tresen bei der Wirtin Lucie unser Bierchen tranken, erzählte Pölle mir im Vertrauen, er

Vertrauen, er habe bei den Romdies einen hamen Schlag, besonders sind es die älteren Schiksen, die gamm auf ihm sind. Pölle, der Viginenschieber, so kochum wie er is, schlägt bar Lobi draus. Er sieht schucker aus, kann so sinnig scherbeln, und wenn er die Anims mit seinem großen schwarzen Döppen ankneistert ... dann sind sie wie Kölle, die bei "Klara" dahin tippelt.

habe bei den Frauen einen Stein im Brett, besonders sind es die älteren Frauen, die scharf auf ihn sind. Pölle, der Aufschneider, so gerissen wie er ist, schlägt dabei bares Geld heraus. Er sieht schick aus, kann so sinnig tanzen, und wenn er die Frauen mit seinen großen schwarzen Augen ansieht ... dann sind sie wie Butter, die in der Sonne dahinschmilzt.

49. MITTE PÜNTE DURCH DIE JÜLLE - OH BELLA VENEZIA

Ich besche in meinem Ker, achil ne Knierfte, reune inne MZ und muckere, daß unsere jovle Rakewele, die ich schon für mulo muckerte, wieder ambach ist. War weck von Münster, plete, und ich jetzt durch die Stadt tailache, muckere ich Rakewelen, von wo ich kein heib Zerche habe. Ömmes, das ist wie in Babylon. Da kann ich nur schmusen: "Tofte, Ihr Schautermänner, daß Ihr unsere Masematte wieder aus der Versenke holt!" Gehört sie doch zu unser Münster wie die Lambertitiftel und am Ratsbeis die Feme mit der Plotte, die uns muckern läßt, wenn der Schock mal wieder ambach is. In bes, kimmel Jahren, hoffe ich, wenn alles masselt, muckern wir hier

Ich laufe so in meinem Haus herum, esse ein Butterbrot, schaue in die Münstersche Zeitung und bemerke, daß unsere schöne Sprache, die ich schon für tot hielt, wieder da ist. Ich war fort aus Münster, weg, und als ich jetzt durch die Stadt gehe, höre ich Sprachen, von denen ich kein bißchen Ahnung habe. Ömmes, das ist wie in Babylon. Da kann ich nur sagen: "Prima, ihr Kerle, daß ihr unsere Masematte wieder aus der Versenkung holt!" Gehört sie doch zu unserem Münster wie die Lambertikirche und die Hand mit dem Schwert am Rathaus, die uns zeigt, wenn der Send einmal wieder da ist. In zwei, drei Jahren, hoffe ich, wenn alles gut geht, hören wir hier nur

nur noch Massemattenrakewele, und dann heißt es nicht mehr: "Meine Gattin ist guter Hoffnung", sondern: "Mein Romdi is pattisch." Oder: "Fräulein, Sie haben ein bezauberndes Dekoltee", nein: "Anim, Du hast nen jovlen Körning." Ein betrunkener Autofahrer wird von der Polente gestellt: "Bitte Ihre Papiere, wieviel haben Sie getrunken? Pusten Sie mal ins Röhrchen!" Ömmes, und nun in Masematte: "Na, Du Schautermann, zeig mal Deine Flebbe, wieviel Luwinen und Sorrofs hasste den gepiert? Mach mal Dein Rösch auf, und puste toft inne Tüte."

Ja, Ihr jovlen Hegels, sind das nicht tschukere Heimatklänge? Da fällt mir ne tofte Storie ein: Im Sommer bin ich mit meinem Romdi in Venedig gewesen. Als wir uns die Tiftel am Markusplatz bekneisterten, muckerte ich, wie eine Geue zu ihrem Schetz schmuste: "Is das hier aber eine große Überschwemmung." Das Rackeli muß hame nerbelo gewesen sein. Mein Anim wollte mal gondeln, ömmes beschten wir in so 'ne Pünte, und der Itaker in seiner jovlen, bunten Kove und mit nem großen Obermann auf dem Schero zuckelte mit uns durch die Jülle, denn von Pani reunte man wenig. Als wir so durch den Kanale-Grande schipperten, öffnete sich eine Finete, und eine

noch Masemattensprache, und dann heißt es nicht mehr: "Meine Gattin ist guter Hoffnung", sondern: "Mein Mädchen ist schwanger." Oder: "Fräulein, Sie haben ein bezauberndes Dekolleté", nein: "Mädchen, du hast einen schönen Busen." Ein betrunkener Autofahrer wird von der Polizei gestellt: "Bitte Ihre Papiere, wieviel haben Sie getrunken? Pusten Sie einmal ins Röhrchen!" Ömmes, und nun in Masematte: "Na, Mann, zeig' einmal deinen Führerschein, wieviel Biere und Schnäpse hast du denn getrunken? Mach mal deinen Mund auf, und puste schön in die Tüte."

Ja, ihr tollen Kerle, sind das nicht schöne Heimatklänge? Da fällt mir eine schöne Geschichte ein: Im Sommer bin ich mit meinem Mädchen in Venedig gewesen. Als wir uns die Kirche am Markusplatz ansahen, bemerkte ich, wie ein Mädchen zu seinem Freund sagte: "Ist das hier aber eine große Überschwemmung." Das Mädchen muß sehr dumm gewesen sein. Mein Mädchen wollte einmal mit der Gondel fahren, also stiegen wir in so einen Kahn, und der Italiener - in seiner schönen bunten Kleidung und mit einem großen Hut auf dem Kopf - fuhr mit uns durch die Jauche, denn von Wasser sah man wenig. Als wir so durch den Canale-Grande fuhren, öff-

Tucke kippte nen Eimer mit Schonte und Meimelatur aus, direkt vor unserer Pünte. Da wurde der Seger hame mies und machte mit der Itakerschikse ein Bambonum, daß wir More hatten, in die Jülle zu plümpsen, da der Hegel vor lauter Rochus auf seiner Pünte hin und her teilachte. Das Zirachenanim war aber so brastig, daß sie dem Zengerling als Zugabe noch ein Jaricken an den Schero knallte. Als wenn nix gewesen wäre, diwerte er uns aus seinen schwarzen Röllekes an, schmergelte über sein ganzes Löw und schallerte: o bella Venezia!

nete sich ein Fenster, und so eine Weib kippte einen Eimer mit Kot und Urin aus, direkt vor unseren Kahn. Da wurde der Mann sehr wütend und stritt sich so sehr mit der Italienerin, daß wir Angst hatten, in die Jauche zu fallen, zumal der Mann vor lauter Zorn auf seinem Kahn hin- und herlief. Die Furie wurde schließlich so wütend, daß sie dem Kerl als Zugabe noch ein Ei an den Kopf schmiß. Als wäre nichts gewesen, blickte er uns aus seinen schwarzen Augen an, lächelte über das ganze Gesicht und sang: oh bella Venezia!

50. NE KOTENE FAHNE INNE FEME

Eigentlich hat Erwin, was nen toffen Speismakeimer ist, mit Karneval nich viel am Hut. Ömmes, er schnasselt sich gerne mal einen, aber das ganze Remmidemmi, sagt er, macht ihn kolone. Ganz anders die Emmi, was seine Alsche ist. Die steht auf den Stuß, vor allem wegen der Schwoferei. Und jetzt wollte se unbedingt den Prinz kneistern, weil der immer so hamel jovel schallern tät - von wegen er kennte eine Jungfrau und so. Monasteria oder wie die hieß.

Und letzte Woche hat Emmi ihren Hegel rumgekriegt. Als Erwin vonne

Eigentlich hat Erwin, der ein guter Bauarbeiter ist, mit Karneval nicht viel im Sinn. Klar, er trinkt sich gern einmal einen, aber der ganze Trubel, sagt er, macht ihn verrückt. Ganz anders die Emmi, die seine Frau ist. Die steht auf den Blödsinn, vor allem wegen des Tanzens. Und jetzt wollte sie unbedingt den Prinzen sehen, weil der immer so sehr schön sänge - darüber, daß er eine Jungfrau und so weiter kennte. Monasteria oder wie die hieß.

Und letzte Woche hat Emmi ihren Kerl überredet. Als Erwin von der

Maloche nach Beis kam, hat se ihm erst mal ne Pfanne Bratkartoffeln mit nen tofften End Bezinnum untergejubelt, und ne toffte Lowine dabei. Und dann - Emmi ist ja noch nen kurantes Anim: jovle Figur, hamel in Schuß - hat se ihn belabert, daß er nächste Woche mit ihr nache Karnevalssitzung schemmt.

Letzten Freitag, nache Maloche, wars Zeit. Erwin hat sich schwer in Schale geschmissen - hat den alten schwarzen Kaftan ausse Ecke geholt, für den er damals schwer Schotter geschuckt hatte, als er mit Emmi gasseln ging. Aber inzwischen hatte sich Erwin ne jovle Plautze angeschickert - die Plinte war so eng, daß ihm das Pani inne Döppen stand.

Als Emmi und Erwin an den Jubelschuppen angetigert kamen, war schon schwer Remmidemmi. Erwin hätte fast noch mit den Seegers anne Kasse Stoof gekriegt, weil er nen Heiermann berappen sollte fürne Karnevalsmütze. Ohne Kostüm, hat der geschmust, kämen se nich rein, könnten sie wieder nach Beis schemmen. Der Knilch bechte sowieso ne schofle Rackewele, von wegen "Helau" und so.

Aber als er die Theke dibberte, hat Erwin seine miese Mappe abgemeiert und sich erst mal nen Queeni und nen paar Lowinen geblasen. Und als das

Arbeit nach Hause kam, hat sie ihm erst einmal eine Pfanne mit Bratkartoffeln und ein schönes Stück Wurst vorgesetzt, und dazu ein schönes Bier. Und dann - Emmi ist ja noch ein flottes Mädchen: gute Figur, gut in Schuß - hat sie ihn überredet, daß er nächste Woche mit ihr zur Karnevalssitzung geht.

Letzten Freitag, nach der Arbeit, war es soweit. Erwin hat sich ordentlich in Schale geworfen - hat den alten schwarzen Anzug aus der Ecke geholt, für den er damals sehr viel Geld bezahlt hatte, als er Emmi heiratete. Aber inzwischen hat sich Erwin einen ganz schönen Bauch angetrunken - die Hose war so eng, daß ihm das Wasser in den Augen stand.

Als Emmi und Erwin am Festsaal ankamen, war schon großer Trubel. Erwin hätte fast noch mit den Kerlen an der Kasse Ärger bekommen, weil er für eine Karnevalsmütze fünf Mark bezahlen sollte. Ohne Kostüm, hat der gesagt, kämen sie nicht hinein und könnten wieder nach Hause gehen. Der Kerl hatte sowieso eine merkwürdige Sprache an sich, von wegen "Helau" und so weiter.

Aber als er die Theke sah, hat Erwin seine üble Miene abgelegt und sich erst einmal einen Schnaps und ein paar Biere genehmigt. Und als das Ballett

Ballett über de Bühne scharwenzelte - mannomann, da wurde Erwin aber mucker. Waren aber auch toffte Romdis dabei - jovele Figur, kotenen Kaftan. Und Zömkes hatten die ambach, da konnste reineweg nerwelo werden. Aber da hat Emmi ihm einen getuckt: "Kneistern kannste meinswegen. Schmackes kannste kriegen, aber achilt wird bei Beis!"

Dann kam son Seeger auffe Bühne, der peilte son bißchen belämmert ausse Wäsche. Der hatte nen Wedel auffe Birne, ne kotene Fahne inne Feme und nen Glitzerfummel am Balg, daß Erwin laut an zu schallern fing. Aber da wurd seine Alsche brastig, fast hätte er Kniest mit seine Ische gekriegt: "Das ist doch der Prinz, Du blöder Freier."

Und dann fing der auch noch laut an schallern - genau, was sein Anim ihm geschmust hatte: Er hätte was mit eine Jungfrau, die hieß Monasteria. Erwin wurde schon ganz mucker: Muß ja ne tolle Töle sein, diese Monasteria. Aber seine Alsche hat ihn verkasematuckelt, die gäbs gar nicht. Wär bloß was zum Singen.

Plötzlich, Erwin hatte sich gerade ne Fluppe in die Gosche geschoben, da gabs fast ne Klopperei auffe Bühne. Erwin reibt sich die Döppen, was dibbert er: Da balgen sich doch zwei so

über die Bühne tanzte - Mensch - da wurde Erwin aber rege. Es waren aber auch hübsche Mädchen dabei - gute Figur, kurzes Kleid. Und Beine hatten die, da konnte man vollends verrückt werden. Aber da hat ihn Emmi angestoßen: "Gucken kannst du meinetwegen - Appetit kannst du bekommen, aber gegessen wird zu Hause!"

Dann kam so ein Kerl auf die Bühne, der schaute etwas dumm aus der Wäsche. Der hatte einen Wedel auf dem Kopf, eine kleine Fahne in der Hand und einen Glitzeranzug auf dem Leib, so daß Erwin anfing, laut zu lachen. Aber da wurde seine Frau wütend, fast hätte er Ärger mit seiner Frau bekommen: "Das ist doch der Prinz, du blöder Kerl."

Und dann fing der auch noch an, laut zu singen - genauso wie es seine Frau ihm erzählt hatte: Er hätte etwas mit einer Jungfrau, die hieß Monasteria. Erwin wurde schon ganz nervös: Muß ja ein tolles Mädchen sein, diese Monasteria. Aber seine Frau hat ihm klargemacht, die gäbe es gar nicht. Wäre bloß etwas zum Besingen.

Erwin hatte sich gerade eine Zigarette in den Mund gesteckt, als es plötzlich fast eine Schlägerei auf der Bühne gab. Erwin reibt sich die Augen, was sieht er: Da streiten sich doch zwei so

Bunken um nen Stück Blech. Erwin wollt gleich los, bei der Keilerei mitmischen. Aber Emmi hat ihn am Zwirn gepackt: "Du hast ja keine Zerche, da geht's doch bloß darum, wer den Orden kriegt ..."

Da hatte Erwin die Nase endgültig voll. Nächstes Jahr, so hat er seine Schickse geschmust, kriegste mich aber nich mehr mitte Bratkartoffeln rum. Da musse dir schon was besseres ausklamüsern...

üble Kerle um ein Stück Blech. Erwin wollte sogleich loslaufen, um bei der Schlägerei mitzumachen. Aber Emmi hat ihn am Kragen gefaßt: "Du hast ja keine Ahnung, da geht es doch bloß darum, wer den Orden bekommt ..."

Da hatte Erwin die Nase endgültig voll. Nächstes Jahr, so hat er zu seiner Frau gesagt, kannst du mich aber nicht mehr mit Bratkartoffeln umstimmen. Da mußt du dir schon etwas Besseres einfallen lassen...

51. MISCHPOKE INNE TIFTEL

Fente seine Kaline hat nen jovlen Kafter, er nen toften Obermann, ne Plinte und ne Finne Sorrof bekommen. Die ganze Mischpoke war bei Fente im Beis. Rosa, Fente seine Kaline, hatte hame Achile gemacht. Dann wurde rackewelt und hame geschallert. Um jut Uhr war Christmette. Die ganze Mischpoke schemmte in die Tiftel. Maschemau, war die Tiftel voll. Fente konnte nur schmergeln und dachte an seine Kootenzeit. Dann machte die Orgel eine Randale, und alle schallerten - ob die Muikes, die Kalinen und auch die Kootens. Der Gallag hat tofte rackewelt, so daß Fente seine Olle planningen mußte. Fente reunte durch

Fentes Mädchen hat einen schönen Mantel, er hat einen schönen Hut, eine Hose und eine Flasche Schnaps bekommen. Die ganze Verwandtschaft war bei Fente im Haus. Rosa, Fentes Frau, hatte reichlich zu essen gemacht. Dann wurde geredet und sehr viel gesungen. Um zehn Uhr war Christmette. Die ganze Familie ging in die Kirche. Maschemau, war die Kirche voll. Fente lächelte und dachte an seine Kindheit. Dann erschallte die Orgel mit Getöse, und alle sangen aus voller Kehle, die Frauen und auch die Kinder. Der Pfarrer hat so gut gepredigt, daß Fentes Frau weinen mußte. Fente sah sich in der Kirche um und sah die

die Tiftel und kneisterte die Klunker an den Femen der Kalinen. Ömmes, die waren alle ambach - vom Obermann bis zu den Masminen. Jetzt schmuste die Orgel zum mitschallern. Fente gab seiner Rosa die Feme und schmuste "Frohe Weihnachten". Nach der Tiftel teilachten alle nach Beis. Fente qualmte noch eine Fluppe, pichelte noch eine Luwine - und dachte: Ob Weihnachten 1980 auch alles so jovel masselt?

Edelsteine an den Händen der Frauen. Ömmes, die waren zurecht gemacht - vom Hut bis zu den Schuhen. Jetzt spielte die Orgel zum Mitsingen. Fente nahm seine Rosa bei der Hand und wünschte "Frohe Weihnachten". Nach der Kirche gingen alle nach Hause. Fente rauchte noch eine Zigarette, trank noch ein Bier - und dachte: Ob Weihnachten 1980 auch alles so gut geht?

52. SCHWOFZÖMKES INNEN HELAU-BEIS

Ötte, Fentes Kumpel, schmust: "Teilachst du heute mit in den "Helau-Beis"? Ömmes, einmal wieder jovel schwofen. Fente reunt seine Rosa an, und die rackewelt: "Alles bekane, wir machen trallafitti." Paula, Öttes Anim, bescht auch mit. Rosa und Paula schmergeln übers ganze Löw. Fente muckert: "Ötte und ich teilachen als Naßauer." Laulone, schmust Rosa: "Sollen wir alles beschollen?" "Wir schemmen als 'Flotte Bienen' und machen hamel auf Figine", muckert Paula. "Fente und Ötte sind ja ambach und stecken hamel Schotter inne Patten." Paula, jovel schumm geworden, hat immer rof: "Gibt es auch kalte Achile?"

Ötte, Fentes Kumpel, sagt: "Gehst du heute mit in den Helauschuppen?" Ömmes, einmal wieder schön tanzen. Fente sieht seine Rosa an, und die sagt: "Alles in Ordnung, wir machen einen drauf." Paula, Öttes Mädchen, geht auch mit. Rosa und Paula lächeln über das ganze Gesicht. Fente sagt: "Ötte und ich gehen als Nassauer." Nichts da, sagt Rosa: "Sollen wir alles bezahlen?" "Wir gehen als 'Flotte Bienen' und machen schwer einen auf Schau", bemerkt Paula. "Fente und Ötte sind ja da, und die stecken sich Geld genug in die Taschen." Paula, die recht dick geworden ist, hat immer Hunger: "Gibt es auch kaltes Essen?"

In Nerwelo-Kowe teilachen alle in den "Helau-Beis". Ein Kaffermann mußte beschollt werden, und man war in dem Randalebeis. Fente steckte sich ne Fluppe an und reunte in die Bendine. Wo der Luwinen-Hegel schmuste: "Ömmes, auch ein Gedeck?" wären beide Anims bald pleite geböscht. Bis die unwiesen Hegels mit "täträ, täträ" in den Saal hereinscherwelten, stellten sich Fente und Ötte anne Theke und pichelten einen Quini.

Dann war hamel bambonum. Die Hegels inne Bütt und die Anims, die da schallerten, waren alle tofte. Auch die Schwofzömkes wurden flott. Paula war mucker und hatte jovel achilt. Rosa machte einmal eine schofle Lobbe: Fente hatte nach einer Geue gereunt, die bald blanko war. "Maschemau, es war trotzdem ganz jovel", meint Fente.

In Karnevalskostümen gehen alle in den Helauschuppen. Ein Zwanziger mußte bezahlt werden - und dann war man in der Radaubude. Fente steckte sich eine Zigarette an und sah sich im Raum um. Als der Getränkekellner fragte: "Ömmes, auch ein Gedeck?" wären beide Mädchen bald weg gegangen. Bis die Kerle von der "Unwisität" mit "täträ, täträ" in den Saal hereintanzten, stellten sich Fente und Ötte an die Theke und tranken einen Schnaps.

Dann war schwer was los. Die Kerle in der Bütt und die Mädchen, die dort sangen, waren alle gut. Auch die Tanzbeinchen wurden geschwungen. Paula war schlau, sie hatte gut gegessen. Rosa machte auf einmal ein saures Gesicht: Fente hatte einer Frau nachgeschaut, die fast nackt war. "Maschemau, es war trotzdem ganz prima", meint Fente.

53. ZOSSENBOSER BEWIRCHEN

Fenti saß auffe Mülltonne und trommelte den neuesten Schlager. "Lau eser", brummte er sodann vor sich hin, nachdem ihm sein Kumpel Robbi den Anfang eines tofften Planes entwickelt hatte. "Nöö, is lau", wiederholte er

Fenti saß auf der Mülltonne und trommelte den neuesten Schlager. "Nichts da", brummte er sodann vor sich hin, nachdem ihm sein Kumpel Robbi den Anfang eines tollen Planes erklärt hatte. "Nein, ist nicht", wieder-

nochmals, "bei die Schore is lau zu bewircken - und dann is der Hegel auch zu kochum, der muckert sofort, wenn der Zossen verchibbra geht."

"Wenn wir den Zossen verschütt gehen lassen, dann doch nich so, daß man uns erst lang und breit bereunigen kann. Der wird ganz stikum aus'n Stall geholt, dann setz ich mir drauf und reite nix wie pleete."

"Pleete? Wohin denn pleete?"

"Och", meinte Robbi, "so einen Fiers in die Gebiete hinein - dann fix den Schori raus und den Zossen das Ponum abgesäbelt".

"Schori? Hier, ich hab ja bloß diesen Zachen." "Ich hab einen tofften langen Schori, damit können wir nachher auch das ganze Boser schneiden und aufteilen. Natürlich lassen wir das kotene Zeugs, das Fell, die Zoomen einfach liegen. Wir nehmen bloß das, was wir auf die Leetze transportieren können."

"Wo willste denn das ganze Zossenboser verscheuern?" "Ich hab da 'nen Kaschemmenkower, bei dem ich noch'n Strang an die Malme habe. Der nimmt bestimmt was. Zweitens kenn ich einen Katzow, der nimmt auch was und macht da Pezinnum von. Bei Leberwurst mukkert keiner, daß da Zossenboser mit drin is. Drittens hab ich ein Animchen, die achilt auch ganz gern Zos-

holte er nochmals, "mit diesem Diebesgut ist nichts zu verdienen - und dann ist der Kerl auch zu schlau, der bemerkt sofort, wenn das Pferd verschwunden ist." "Wenn wir das Pferd verschwinden lassen, dann doch nicht so, daß man uns seelenruhig dabei zusehen kann. Das wird heimlich aus dem Stall geholt, dann setze ich mich darauf und reite sofort davon."

"Davon? Wohin denn davon?"

"Och", meinte Robbi, "so ein bißchen in die Gegend hinein - dann schnell das Messer gezückt und dem Pferd den Kopf abgeschlagen."

"Messer? Hier, ich habe ja bloß dieses Messerchen." "Ich habe ein schönes, langes Messer, damit können wir nachher auch das ganze Fleisch schneiden und aufteilen. Natürlich lassen wir das Kleinzeug, das Fell, die Knochen einfach liegen. Wir nehmen bloß das, was wir auf dem Fahrrad transportieren können."

"Wo willst du denn das ganze Pferdefleisch verkaufen?" "Ich kenne da einen Kneipenwirt, bei dem ich noch eine Menge Schulden habe. Der nimmt bestimmt etwas. Zweitens kenne ich einen Metzger, der nimmt auch etwas und macht Wurst daraus. Bei Leberwurst bemerkt keiner, daß da Pferdefleisch mit drin ist. Drittens habe ich ein Mädchen, die ißt auch ganz gern *senboser, und lau schmusen tut die auch. Also, is doch alles tofft."*

"Wenn der Kneis, wo wir den Zossen schoren wollen, aber einen grellen Keilow hat?" "Du bist aber'n tofften Scheetz, als wenn ich das nich alles längst ausbaldowert hätte. Den Keilow, den mach ich mulo, aus, fertig. So, und nu wolln wir da nich mehr lange über rackeweelen. Gib mir erst mal 'ne Fluppe, und dann scheften wir gleich in die Katschkedi und schickern nen paar Lowinen, und für heute abend nehmen wir 'ne Schaweele - 'ne ganz jovle Schaweele mit."

Pferdefleisch, und erzählen wird sie auch nichts. Also, ist doch alles in Ordnung."

"Wenn der Bauer, dem wir das Pferd stehlen wollen, aber einen bissigen Hund hat?" "Du bist mir schon ein toller Kerl, als wenn ich das nicht alles längst durchdacht hätte. Den Hund, den werde ich töten, aus, fertig. So, und nun wollen wir nicht mehr länger darüber reden. Gib mir erst einmal eine Zigarette, und dann gehen wir gleich in die Kneipe und trinken ein paar Biere, und für heute abend nehmen wir eine Flasche - eine ganz schöne Flasche mit."

54. MASUMM INNE FEMEN

Heini Schaskemeier hatte mal wieder keine Maloche und demzufolge auch wenig Moos auf der Patte.

"Du, Fenti, wir machen einen tofften Fez."

"Emmes", sagte Fenti, "aber es muß dabei was zu bewirchen sein, sonst is lau oser."

"Nu mal stikum, ob da eine große Bewirche bei 'rauskommt, weiß ich noch nicht, aber einen joflen Rabatz. Du kennst doch den Eti, ja, und dem

Heini Schaskemeier hatte einmal wieder keine Arbeit und demzufolge auch wenig Geld in der Tasche.

"Du, Fenti, wir machen uns einen tollen Spaß."

"Emmes", sagte Fenti, "aber es muß etwas dabei herauskommen, sonst ist nichts damit."

"Nun mal ganz ruhig, ob dabei ein großer Gewinn herauskommt, weiß ich noch nicht, aber ein schöner Budenzauber. Du kennst doch den Eti, ja, und *schmust du, er hätte bei'n Toto einen ganz großen Reibach bewircht."*

"Der Eti is ja wohl so'n kleinen Doofmann, aber so bestußt is er nun wieder nich, daß er lau muckert ..."

"Denkst du Heini denn, die Leute auf's Totobüro sind so masckucke, daß sie daraufhin dem Eti das Masumm ide Femen drücken?"

"Brauchen se nich - und sollen se auch nich, das weiß doch jeder, daß die dafür zu kochum sind - aber denk mal, was das für'n Rakerwehlen gibt. Da schmusen doch alle, die das hören: Siehste, siehste, die dööfsten Juchuloos haben die dicksten Matreelen. Also, du scheftest pleete und sagst dem Eti, er soll zu mir hintailachen."

"Uh-und, uh-und", stotterte er, "der Fö-fö-fenti schmust mich gerade - un-und du hättest geschmust, daß ich bei'n Toto eine Masse Loobi bewircht hätte."

"Ich hab' noch gar nicht mal in de Zeitung reingedibbert, aber de Zeitung von heute hab' ich hier - können ja mal linsen, was drin steht."

Eti hatte seine Sprache wieder: "Ja, da war ich noch gar nicht lange im Bais und hatte gerade achielt und mich dann so einen fiers zu's kooksen in de Pfirche gelegt, da auf'n mal kam Fenti und ..."

dem sagst du, er hätte beim Toto einen ganz großen Gewinn gemacht."

"Der Eti ist ja wohl ein kleiner Dummkopf, aber so dumm ist er nun auch wieder nicht, daß er nichts merkt ..."

"Heini, denkst du denn, die Leute beim Totobüro sind so dumm, daß sie dem Eti daraufhin das Geld in die Hände drücken?"

"Brauchen sie nicht - und sollen sie auch nicht, das weiß doch jeder, daß die dafür zu klug sind - aber überleg einmal, was das für ein Gerede gibt. Da sagen doch alle, die das hören: Siehst du, siehst du, die dümmsten Hunde haben die dicksten Kartoffeln. Also, du verschwindest und sagst dem Eti, er soll zu mir kommen."

"Uh-und, uh-und", stotterte er, "der Fö-fö-fenti sagt mir gerade - un-und du hättest gesagt, daß ich beim Toto eine Menge Geld gewonnen hätte."

"Ich habe noch nicht einmal in die Zeitung geguckt, aber die Zeitung von heute habe ich hier - wir können ja einmal sehen, was drin steht."

Eti hatte seine Sprache wieder: "Ja, da war ich noch gar nicht lange im Haus und hatte gerade gegessen und mich dann ein wenig zum Schlafen ins Bett gelegt, da auf einmal kam Fenti und ..."

"Laß mal reunen", bat Eti und verglich nun seinen Totozettel mit dem Zeitungsbericht. *"Ta-ta-tatsächlich"*, jubelte er dann. *"Me-me-mensch, wieviel Loobi krieg ich dann nu?"*

"Emmes, das sind kaff Telooven, paarmal jutt Schuck und dann noch so'n Kotenmoos."

"Wi-wi-wieviel is das?" wollte Eti wissen, denn er war gewohnt, nur mit wenigen Schuck und einigen Tackens zu rechnen.

"Kaff Telooven, und das, was drüber is, das is doch Kotenmoos, und ich denkte, daß du das mit uns wohl verschickern könntest. Wir gehen jetzt in eine Katschkedi und schickern erst ein paar Lowienchen, und dann nehmen wir noch'n paar jofle Schawehlen mit nach'n Bais. Da laden wir dann 'n paar toffte Aniehmchens ein, machen einen Schwof und scherbeln nach'm Radio. Morgen schaffst du dir dann erst mal anständige Koove an, jofle Maßmeiers mit Wildleder, 'ne toffte Plinte und auch'n vernünftigen Dohling."

"Ich hab' aber das Ma-ma-mamasumm noch gar nich, und wenn wir jetzt einen schickern gehen, dann merken die andern Schautermänners das doch auch, und dann fangen die an zu lauscheppen. Du bist ja einen ganz tofften Scheetz ..."

"Laß einmal sehen", bat Eti und verglich nun seinen Totozettel mit dem Zeitungsbericht. "Ta-ta-tatsächlich", jubelte er dann. "Me-me-mensch, wieviel Geld kriege ich denn nun?"

"Emmes, das sind zwanzig Tausender, ein paarmal zehn Mark und dann noch Kleingeld."

"Wi-wi-wieviel ist das ?" wollte Eti wissen, denn er war es gewohnt, nur mit wenigen Mark und einigen Groschen zu rechnen.

"Zwanzig Tausender, und das, was darüber ist, das ist doch Kleingeld, und ich dachte, daß du das mit uns wohl vertrinken könntest. Wir gehen jetzt in eine Kneipe und trinken erst ein paar Bierchen, und dann nehmen wir noch ein paar schöne Flaschen mit nach Hause. Da laden wir dann noch ein paar schöne Mädchen ein und tanzen -tanzen nach dem Radio. Morgen schaffst du dir dann erst einmal anständige Kleidung an, schöne Schuhe aus Wildleder, eine schöne Hose und auch einen ordentlichen Hut."

"Ich habe aber das Ge-ge-ge-geld noch gar nicht, und wenn wir jetzt einen trinken gehen, dann merken die anderen Kerle das doch auch, und dann fangen die an zu nassauern. Du bist mir ja ein ganz toller Bursche ..."

"Nu sei mal stikum, also, erstens haust du bei den Kaschemmenkover an die Malme und sagst ihm - morgen wird beschollt. Zweitens muß Fenti die Aniemchens 'ranholen."

Anderntags, nachdem die Kater sich verflüchtigt hatten, konnte Fenti sich an absolut nichts mehr erinnern. Eti hatte einen gewaltigen Rochus auf die Schautermänner an der Zeitung. Diese Beseibeler hatten doch nur aus Bosheit einen falschen Bericht gebracht.

"Nun sei mal leise, also, erstens läßt du bei dem Kneipenwirt anschreiben und sagst ihm - morgen wird bezahlt. Zweitens muß Fenti die Mädchen auftreiben."

Anderntags, nachdem die Kater sich verflüchtigt hatten, konnte Fenti sich an absolut nichts mehr erinnern. Eti hatte eine gewaltige Wut auf die Kerle von der Zeitung. Diese Schmierfinken hatten doch nur aus Bosheit einen falschen Bericht gebracht.

55.KEILOW FÜR KAFF SCHUCK

"Du, weißt du nich so'n Kneis oder einen andern Doowi, an den man den Keilow verscheuern kann?"

"Was kommt denn als Bewirche für mich dabei raus?"

Kalli überlegte einen Moment, dann meinte er: "Wenn ich dich den Keilow für kaff Schuck überlasse, dann kannst du bestimmt 'n Heiermann draufschlagen. Aber du bist ja nich doof, und so wie ich dich kenne, bewirchst du nochmal kaff Schuck dafür. Kenn dich doch, Schauter!"

"Ich hab mich da son paar Jarikers zu's Frühstück geholt. Immer den Poser zu achilen, das wird man auf de Dauer auch leid."

"Du, weißt du nicht einen Bauern oder einen anderen Dummen, an den man den Hund verkaufen kann?"

"Was springt denn als Gewinn für mich dabei heraus?"

Kalli überlegte einen Moment, dann meinte er: "Wenn ich dir den Hund für 20 Mark überlasse, dann kannst du bestimmt einen Fünfer draufschlagen. Aber du bist ja nicht dumm, und so wie ich dich kenne, bekommst du noch einen Zwanziger mehr dafür. Ich kenne dich doch, Mann!"

"Ich habe mir da ein paar Eier zum Frühstück geholt. Immer nur Fleisch zu essen, wird man auf die Dauer auch leid."

"Ha-ha-ha", lachte Kalli, "schmu-se doch keine Vigine. Wenn du jetzt Jarikes statt Poser achilen willst, dann doch bloß, weil du bei den Katzow noch einen hamen Fiers an die Malme hast."

"Lau oser", murrte Eti, "an die Malme hab ich bloß bei den Katschem-menkover was gehauen. Der weiß genau, daß er die paar Tackens für die Lowinen, die ich da geschickert habe, jetzt jofel beschollt kriegt. Der weiß auch ganz genau, daß ich vonwegen Masumm einen toften Scheetz bin."

Da kam Fietz, die Revierpolente. Sein scharfes Auge entdeckte nun auf Kallis Hof drei längliche Kupferbar-ren. "Na", meinte Fietz, "wenn das keine Schore is, dann freß ich 'n Besen mit'n Stiel."

Kalli erklärte: "Das is man so, weil ich den Fenti doch einen Keilow ver-kimmelt habe für Kaff Schuck, er aber mit das Loobi nich rauskommt, er schmußt einfach, der Keilow wär ihm plete getippelt, und er wüßte bestimmt, daß der Keilow wieder nach hier ge-scheftet wär, darum will der mich also die Tour vermasseln und mich um das Masumm beseibeln. Da hab ich nu diese Kupferstücke bei ihm gesehen, ja, und die hab ich mir dann stiekum bewircht."

"Ha-ha-ha", lachte Kalli, "erzähl' doch keinen Unsinn. Wenn du jetzt Eier statt Fleisch essen willst, dann doch nur, weil du beim Metzger noch einen großen Berg Schulden hast."

"Nichts da", murrte Eti, "nur beim Wirt habe ich etwas anschreiben las-sen. Der weiß genau, daß er die weni-gen Groschen für die Biere, die ich da getrunken habe, gut und gern bezahlt bekommt. Der weiß auch ganz genau, daß ich in Gelddingen ein ordentlicher Kerl bin."

Da kam Fietz, Polizist im Viertel. Nun entdeckte sein scharfes Auge auf Kallis Hof drei längliche Kupferbar-ren. "Na", meinte Fietz, "wenn das kein Diebesgut ist, dann freß ich einen Be-sen mit Stiel!"

Kalli erklärte: "Das ist so - weil ich dem Fenti doch für 20 Mark einen Hund verkauft habe - er aber das Geld nicht herausrückt - er sagt einfach, der Hund wäre ihm weggelaufen, und er wüßte bestimmt, daß der Hund wieder hierher gelaufen sei - darum will er mir das Geschäft verderben und mich um das Geld betrügen. Da habe ich nun diese Kupferstücke bei ihm gesehen - ja, die habe ich mir dann heimlich besorgt."

Fietz wollte wissen, woher nun Fenti eigentlich das Kupfer habe. "Also, das is man so: Mit den Eti hab ich eine Wette gemacht um kaff Schuck. Die Wette hab ich ehrlich gewonnen. Aber Loobi? Lau oser. Da schefte ich dieser Tage durch die Masche, und wie ich bei Eti vor das Hoftor stehe, da konnte ich durch eine Vinete reunigen. Was sehe ich? Kupferdraht. Ich hab mich das alles genau bedibbert und dann ausbaldowert, wann ich am besten den Draht an Land ziehen konnte. Dann hab ich ein Hanniemchen zu ihn in den Beis geschickt, die hat ihm dann was vorgeschmußt, aus Vigine natürlich, und er hat auch nichts gemuckert, daß ich ihm den Draht geschort habe. Den Draht habe ich dann auf eine Feldschmiede eingeschmolzen, denn so kochum bin ich ja nu auch. Aber wer hat denn nu den Schlamassel an de Polente gebracht? Der Eti is doch sonst wohl schauwe!"

Fietz begab sich schnurstracks zu Eti in die Masche. Eti erklärte: "Für den Kalli habe ich eine Malloche gemacht, und zwar hab ich ihm die Hoftür und ein Stück Zaun gepinselt. Als ich nu 14 Tage später mein Moos, die kaff Schuck, die wir ausgemacht hatten, haben wollte, da sagte er mir, ich hätte ihn beseibelt und ihm Leimfarbe statt Oelfarbe da auf gepinselt.

Fietz wollte wissen, woher nun Fenti eigentlich das Kupfer habe. "Also, das ist so: Ich habe mit dem Eti eine Wette um 20 Mark gemacht. Die Wette habe ich ehrlich gewonnen. Aber Geld? Nichts da! Da gehe ich dieser Tage los, und als ich vor Etis Hoftor stehe, da konnte ich durch ein Fenster schauen. Was sehe ich? Kupferdraht! Ich habe mir das alles genau angesehen und dann ausgeklügelt, wann ich den Draht am besten an Land ziehen könne. Dann habe ich ein Mädchen zu ihm ins Haus geschickt, die hat ihm dann etwas vorgemacht, natürlich gespielt, und er hat auch nichts gemerkt, als ich ihm den Draht gestohlen habe. Den Draht habe ich dann in einer Feldschmiede eingeschmolzen, denn so schlau bin ich ja nun auch. Aber wer hat denn nun das ganze Durcheinander der Polizei gemeldet? Der Eti ist doch sonst wohl in Ordnung!"

Fietz begab sich schnurstracks hin zu Eti. Eti erklärte: "Für den Kalli habe ich eine Arbeit erledigt, und zwar habe ich ihm die Hoftür und ein Stück Zaun angestrichen. Als ich nun vierzehn Tage später mein Geld, die 20 Mark, die wir ausgemacht hatten, haben wollte, da sagte er mir, ich hätte ihn betrogen und mit Leimfarbe statt mit Ölfarbe angestrichen. Weil er nun mit dem Geld

Weil er nu mit das Loobi nicht raus kam und weil ich doch nicht so bestußt bin, was für lau zu mallochen, da hab ich dann auf seinen Hof aus eine große Kiste, wo er immer Drahtreste und alte Leitungen intut - und weil mich der Keilow auf seinen Hof kannte, habe ich dann immer so stikum mit eine Leeze den Draht weggeschlört. In de Kochmaschine habe ich die Isolierung von den Draht runtergebrannt. Aber nu kömmt das Schlimmste. Den Draht haben se mir selbers wieder weggeschort, diese Schautermänner!"

"Sooo?", sagte Fietz, "und da wollen se nu Anzeige erstatten?" Eti meinte: "Och nee! Polizeiliche Anzeige und auch Schemmbeis ... Das hat so 'ne fiese Zirooche. Ne, da bin ich zu kochum zu".

nicht herausrückte und ich doch nicht so dumm bin, umsonst zu arbeiten, da habe ich auf seinem Hof aus einer großen Kiste, in der er immer Drahtreste und alte Leitungen lagert - und weil mich der Hund auf seinem Hof kannte, habe ich dann immer heimlich mit einem Fahrrad den Draht weggebracht. In einem Schmelztiegel habe ich die Isolierung von dem Draht heruntergebrannt. Aber nun kommt das Schlimmste: Den Draht haben sie mir selber wieder gestohlen, diese Kerle!"

"Sooo?", sagte Fietz, "und da wollen Sie nun Anzeige erstatten?" Eti meinte: "Oh nein! Polizeiliche Anzeige und auch Gefängnis ... Das hat so einen schlechten Beigeschmack. Nein, dafür bin ich zu sehr auf Draht!"

56. EINEN FIERS PEKAN SCHEFTEN

Wissen se, wer Tutta ist? Nee? - Paß auf! Tutta is den Eti sein Hanniem, womit er vergasselt ist. Also, Tutta rackert in Eti sein'n Bais. Sie macht da die Achiele tofte fertig und was da sonst an Maloche is, und an'n Abend macht se de Kotens in de Pfirche.

Eti selber is - wenn er nich bei'n Stempelklub grade an's bureken ist -

Wissen Sie, wer Tutta ist? Nein? - Paß auf! Tutta ist die Frau von Eti, mit der er verheiratet ist. Also, Tutta arbeitet in Etis Haus. Sie bereitet das Essen gut zu und was da sonst noch an Arbeit anfällt, und am Abend bringt sie die Kinder ins Bett.

Eti selber arbeitet - wenn er nicht beim Arbeitsamt gerade Stempeln geht *als Lapanenmalocher an'n Bau, und ins planieren, da is er ein Unmensch. Er hat 'ne Lapane, die is beinahe so groß wie'n Waschbrett, und da geht hame was auf. Wenn das Wetter jofel is, dann is seine Maloche auch ganz tofte - aber wenn's meimelt ..... Ja, Pani kann er nicht leiden - darum hält er auch nich viel von's waschen.*

Weil Eti ja nun öferst bei'n Stempelklub an's bu-eken is, hat er sich da so'n Schrebergarten angelacht. Vor allem auf die frühen Matrelen hat er es da abgesehen. Weil die nun in seinen Bais nich alle achielt werden, so verscheuert er gern wohl ein paar Pfündchens, und das bringt dann Schickermoos. Auf einem andern Gebiet aber will es dem Eti nich richtig masseln, und das ist der Mist, der immer fehlt. Bei einem Kneis sowas zu kriegen, is lau oser. Die Hacho's brauchen den selber.

Ja, der Mist! Früher, da war das noch tofte. Da hatte jeder Katzow und auch die Bäcker jeder wol einen Zossen - und August Peters erst und alle die anderen Möbilanten - alle hatten se Zossens, und da fiel immer was ab, was in'n Garten toft für unter die Matrelen war. Immerhin liegt aber auch heute noch so manches auf der Straße, was einen ganz joflen Dünger gibt. Eti brauch bloß aus es Fenster kucken und

- als Hilfsarbeiter auf dem Bau, und beim Planieren, da wird er zum Tier. Er hat eine Schüppe, die ist beinahe so groß wie ein Waschbrett, und da geht viel drauf. Wenn das Wetter schön ist, dann ist seine Arbeit eigentlich ganz schön - aber wenn es regnet ..... Ja, Regen kann er nicht leiden - darum hält er auch nicht viel vom Waschen.

Weil Eti ja nun öfter beim Arbeitsamt stempelt, hat er sich da so einen Schrebergarten zugelegt. Vor allem auf die Frühkartoffeln hat er es da abgesehen. Weil die nun zu Hause nicht alle gegessen werden können, verkauft er davon gern ein paar Pfündchen, und das bringt dann Geld zum Vertrinken. Auf einem anderen Gebiet will es Eti nicht richtig glücken, und das ist der Mist, der immer fehlt. Bei einem Bauern so etwas bekommen zu wollen, ist aussichtslos. Die Bauern brauchen den selber.

Ja, der Mist! Früher, da war das noch toll. Da hatte jeder Metzger und auch jeder Bäcker ein Pferd - und August Peters erst und all die anderen Möbelspeditionen - alle hatten sie Pferde, und da fiel immer etwas ab, was dafür gut war, um im Garten unter die Kartoffeln gestreut zu werden. Immerhin liegt aber auch heute noch so manches auf der Straße, was einen ganz guten Dünger abgibt. Eti braucht bloß *sehen, wenn die Schautemänner von de Straßenreinigung all das Werks zusammenkehren - und wenn das dann aufgeladen und weggefahren wird, dann wird es ihm ganz mies und schofel.*

"Mußt mal bei de Stadtwerke nachfragen, ob du da nich was von bewirchen kannst", hatte ihm Tutta mal vorgeschlagen. "Emmes", sagte Eti, "dann will ich mal dahin teilachen und das Werks bereunigen." Er scheftete hin - aber lau oser.

Tutta reunte schon an seinem miesen Ponum, daß er lau bewircht hatte. "No?" - fragte sie kurz. Eti erstattete Bericht. "Da hab ich mit so'n Seegers geschmußt und ihm gesagt, er könnte für sich ein paar Schuck bewirchen, wenn er mir stiekum so'ne Fuhre verkimmeln könnte. Aber das war so'n Dollarreuniger, und er hat mich durch seine Brille ganz doof angeglotzt und mir geschmußt, auf link könnte er lau was machen und verchibbra gehen lassen, wäre lau oser".

Draußen meimelte es, und Eti dibberte schon immer durch die Finete, ob es noch nich bald aufhöre und er nach seinen Garten könne. Dabei kam ihm ein Gedanke. Das Pani auf der Straße schwemmte all die toften Sachen, die er so gern für seinen Garten gehabt hätte, in de Gosse und von da - schlups weg in

aus dem Fenster zu gucken und zu sehen, wie die Männer von der Straßenreinigung all das Zeug zusammenkehren - und wenn das dann aufgeladen und weggefahren wird, dann wird ihm ganz schlecht und übel.

"Du mußt einmal bei den Stadtwerken nachfragen, ob du davon nicht etwas bekommen kannst", hatte ihm Tutta einmal vorgeschlagen. "Emmes", sagte Eti, "dann will ich einmal dahin gehen und mir das Zeug anschauen." Er ging hin - aber vergeblich.

Tutta bemerkte schon an seinem ärgerlichen Gesicht, daß er nichts bekommen hatte. "No?" - fragte sie kurz. Eti erstattete Bericht. "Da habe ich mit so einem Kerl geredet und ihm gesagt, er könne sich ein paar Mark verdienen, wenn er mir so eine Fuhre verkaufen könne. Aber das war so eine Brillenschlange, und er hat mich durch seine Brille ganz dumm angeschaut und mir gesagt, auf die krumme Tour könne er nichts machen, und etwas verloren gehen lassen -das ginge eben nicht."

Draußen regnete es, und Eti schaute ständig durch das Fenster, ob es nicht bald einmal aufhörte und er in seinen Garten könnte. Dabei kam ihm ein Gedanke. Das Wasser auf der Straße schwemmte all die guten Sachen, die er so gerne für seinen Garten gehabt hätte, in die Gosse und von da - schlups weg

die Pütts. Eti hatte früher mal pekan gescheftet, daß in den Pütts große Eimer waren, die man hochziehen konnte. - Wie wäre es, wenn ...?

Aus Langeweile reunte Eti einen Fiers ins Blättchen. "Am morgigen Freitag findet eine öffentliche Stadtverordnetensitzung statt." Ja, dann könnte man da ja mal hin und ein bisken pekan scheften. Vielleicht, emmes, ja natürlich. Na, den Schautermännern würde er mal ganz jofel was an'n Bast sagen, wo er ja sowieso einen hamen Rochus auf die Stadt hatte.

Andern Tags ging Eti seiner Tutta ganz stiekum bei die Patte und schorte ihr da einen Fiers Masumm heraus. Dann zog er seine tofte Plinte an und die sonntagschen Maßmeiers und scheftete zunächst mal in die Katschkedi, schickerte dort erst kimmel Lowinen und ließ sich eine jofle Schawehle mitgeben. Vorsichtshalber bescholtte er nich gleich, sondern ließ das Ganze erst mal an die Malme hauen. Dann scheftete er los. Als er an dem Bestimmungsort ankam, hatte er auch die Schawehle schon verschickert. Diese Tatsache förderte noch mehr seinen Rochus, und er nahm sich vor, ein ganz hames Banbonum zu machen, wenn man ihm nich ...

Die Sitzung war schon zugange, und die Stadtverordneten sabbelten man-

durch die Gullys. Eti hatte früher einmal erkundet, daß in den Abflüssen große Eimer steckten, die man hochziehen konnte. - Wie wäre es, wenn ...?

Aus Langeweile warf Eti einen Blick in das Blättchen. "Am morgigen Freitag findet eine öffentliche Stadtverordnetensitzung statt". Ja, dann könnte man da ja einmal hingehen und sich ein bißchen kundig machen. Vielleicht, emmes, ja natürlich. Na, den Kerlen würde er einmal ganz schön die Meinung sagen, zumal er ja sowieso eine große Wut auf die Stadt hatte.

Am folgenden Tag ging Eti ganz heimlich an das Portemonnaie seiner Tutta und klaute ihr da ein bißchen Geld heraus. Dann zog er seine gute Hose an und seine besten Schuhe und ging zunächst einmal in die Kneipe, trank dort erst drei Bier und ließ sich dann noch eine schöne Flasche mitgeben. Vorsichtshalber bezahlte er nicht gleich, sondern ließ das Ganze erst einmal anschreiben. Dann ging er los. Als er am Bestimmungsort ankam, hatte er die Flasche auch schon getrunken. Diese Tatsache förderte seinen Ärger noch mehr, und er nahm sich vor, großen Ärger zu machen, wenn man ihm nicht ....

Die Sitzung hatte schon begonnen, und die Stadtverordneten redeten

chen Schmus, wofür er lau Intresse
hatte. Dann kam der Punkt "Verschie-
denes". "He, hallo", rief er, "jetzt
melde ich mir aber mal zu's Wort."

"Emmes, mir könnt ihr nicht ver-
schaukeln. Ich gehe nich mehr nach's
Schmiedchen, sondern soforts in de
Schmiede. In welchen Etat ihr unsere
Tackens tut, das is mich scheißegal -
aber wo bleibt die Muttke, die an de
Straßen in die Pütts fließt?"

"Waaaas wollen Sie?" fragte der
O.B. und schüttelte sein Ponum.

"Emmes, da muckern se lau", ereiferte sich Eti. "Ich hab da pekan ge-
scheffelt - wenn der Müll abgefahren
wird und wenn da noch so'n Fiers
Alteisen oder sowas bei is - dann wird
das untern Nagel gerissen. Da hab ich
auch nix gegen, das steht de Müllkerls
zu. Aber alle das andere, das haut ihr
platt, und dann wird da mit die Han-
niehms verscherbelt und tofte von geschickert. Denkt man nich, ich muckerte lau."

"Nun sagen Sie endlich, was Sie von
uns wollen", fragte der friedliche O.B.

Eti fingerte nach seiner Schawehle -
aber da war ja doch lau mehr drin. So
gab er sich nun einen Ruck. "Ich will
hier mal paken scheften, was mit die
Muttke aus die Straßenpütts - was damit wird?"

manchen Kram, für den er kein Interesse hatte. Dann kam der Punkt "Ver-
schiedenes". "He, hallo", rief er, "jetzt
melde ich mich aber einmal zu Wort."

"Emmes, mich könnt ihr nicht ver-
schaukeln. Ich gehe nicht erst zum
Schmiedchen, sondern sofort zum
Schmied. In welchen Etat ihr unsere
Groschen werft, das ist mir völlig gleich-
gültig - aber wo bleibt der Dreck, der
von den Straßen in die Abflüsse fließt?"

"Waaaas wollen Sie?" fragte der O.B.
und schüttelte seinen Kopf.

"Emmes, davon wollen Sie nichts
wissen", ereiferte sich Eti. "Ich habe da
herausbekommen - wenn der Müll
abgefahren wird und wenn da noch so
ein Stück Alteisen oder sonst etwas
dabei ist - dann wird das mitgenom-
men. Dagegen habe ich auch nichts, das
steht den Müllmännern zu. Aber all das
andere, das steckt ihr Euch in die Tasche und verkauft es mit Hilfe Eurer
Frauen, und dann wird davon schön
einer getrunken. Denkt nur nicht, ich
hätte nichts bemerkt."

"Nun sagen Sie endlich, was Sie von
uns wollen", fragte der friedliche O.B.

Eti griff nach seiner Flasche - aber
da war ja doch nichts mehr drin. Also
gab er sich nun einen Ruck. "Ich will
hier einmal herausfinden, was aus dem
Dreck in den Kanalabflüssen - was
daraus wird?"

"*Sie wollen pekan scheften???*" ...
zuckte der O.B. die Schultern ...

"Sie wollen hier etwas auskund-
schaften???" zuckte der O.B. die Schultern ...

*Mittlerweile war so ein Greifer von
die Polente gekommen und hatte seine
Feme in Eti's Nacken und schob ihn
plete. "Emmes, da kommt man noch
in'n Schemmbais, wo man doch nur
einen Fiers pekan scheften wolle - diese
Schautermänner."*

Mittlerweile war so ein Beamter der
Polizei gekommen, legte seine Hand
auf Etis Nacken und schob ihn beiseite.
"Emmes, da kommt man noch ins
Gefängnis, obwohl man sich doch nur
ein bißchen informieren wollte - diese
Mistkerle."

*Mittlerweile aber wuchsen in Eti's
Garten die Matrelen - die ganz frühen,
welche das tofte Schickermoos brachten - auch ohne die Muttke aus die
Straßenpütts.*

Mittlerweile aber wuchsen in Etis
Garten die Kartoffeln - die ganz frühen, die das gute Geld zum Zechen
brachten - auch ohne den Dreck aus
den Kanalabflüssen.

57. BALACHESEN VERSCHÜTT

*Ein jofles Lowinchen hatten sie
geschickert, im ganzen bloß bees Stück,
- nee, lau oser, denn einen hamen Strang
war das noch geworden, und als der
Kower abrechnete, da waren kaff
Schuck und noch so etlichene Tackens
fällig.*

Ein schönes Bierchen hatten sie
getrunken, im ganzen bloß zwei Stück,
- von wegen, nichts da, eine schöne
Latte ist das dann noch geworden, und
als der Wirt abrechnete, da waren
zwanzig Mark und noch so etliche
Groschen fällig.

*Fenti war der Masselfreier, der den
ganzen Kitt beschollen durfte. Von
Fußballflemmen hielt er selber nicht
mehr allzuviel, nee, dazu war er zu
schumm geworden. Aber, wenn auch
alle die andern Schautemänner ihre
Masseltour jetzt mit Lotto versuchten,*

Fenti war der Glückspilz, der den
ganzen Kram bezahlen durfte. Vom
Fußballspielen hielt er selbst nicht mehr
allzuviel, nein, dazu war er zu dick
geworden. Doch auch, wenn jetzt alle
die anderen Kerle ihr Glück im Lotto
versuchten, er war nach wie vor beim

er blieb nach wie vor beim Fußball-Toto, und - reune da - es hatte gemasselt, aber jofel, emmes.

Als am andern Abend sich noch einige Schickermänner mehr eingefunden hatten und auf lauscheppe jofles Bälgebier hügen wollten, da konnten sie alle ein doofes Ponum ziehen, denn bei Fenti war keine Happe mehr zu besehen. - Fenti saß stikum da, und man konnte ihm anreunen, daß er einen hamen Rochus auf seinem Körperbau hatte. Beinahe hätt' es noch Stussen gegeben, und eine tofte Makeimerei wäre in Gang gekommen, aber der Kower hatte schon was gemuckert und Fenti stikum nach hinten gelotst.

Ete, sein Freund, war auch mit bei, und der reunte doof aus de Wäsche, als Fenti nun alles verrackewehlte: "Da hatte ich das Loorbi doch ganz jofel verkallibort", so schmuste er, "aber meine Alte hatte was gedibbert - durch irgendeine Finete muß die gereunt haben - ja, und dann hat se mir se weggeschort. Jedenfalls: die Balachesen sind verschütt, plete, und keine hei Beschine is mehr da - emmes. Heut' morgen, als ich noch in de Pfirche lag, da ist se schon in de Stadt getailacht, hat ein paar alte Ratten - aber solche mit nur einem "t" - beschollt. Dafür aber wieder sofort einen hamen Strang auf neue Malme gelegt. Auf einen Eis-

Fußball-Toto geblieben, und - sieh da - es ist geglückt, und wie gut, emmes.

Als sich am anderen Abend noch einige Trinkbrüder mehr eingefunden hatten und schönes Freibier schnorren wollten, da konnten sie alle nur ein dummes Gesicht machen, denn bei Fenti war nichts mehr zu holen. - Fenti saß still da, und man konnte ihm ansehen, daß er eine große Wut auf sich selbst hatte. Beinahe hätte es noch Krach gegeben, und eine handfeste Schlägerei wäre entstanden, aber der Wirt hatte schon etwas gemerkt und Fenti unauffällig herausgelotst.

Ete, sein Freund, war auch mit dabei, und der schaute dumm aus der Wäsche, als Fenti ihm nun alles erzählte: "Da hatte ich das Geld doch ganz gut versteckt", so sagte er, "aber meine Frau hatte etwas gemerkt - durch irgendein Fenster muß sie geschaut haben - ja, und dann hat sie es mir weggenommen. Jedenfalls: das Geld ist verloren, weg, und kein Fünf-Pfennig-Stück ist mehr da - emmes. Heute morgen, als ich noch im Bett lag, da ist sie schon in die Stadt gegangen, hat ein paar alte Ratten - aber solche mit nur einem "t" - bezahlt. Dafür aber wieder sofort eine große Latte neuer Schulden gemacht. Auf einen Eisschrank war sie ja schon

schrank war se ja lange scharf. Und den hat se sich jetzt gekindigt. Wenn ich da bloß an denke! Und das, wo doch jetzt gar keine Charmine ist und wir sowieso keine Achile haben für drin zu legen. Ja, und für de Kotens hat se Hula-Hula-Ringe mitgebracht oder sonst son'n Zinnober, und ich sitz' hier nu und hab' lau zu schickern."

"Hula-Hula für die Kotens is toft, aber Eisschrank ist doof", bestätigte nun auch Ete - "den brauchst du nicht. Was du aber brauchen tust, das ist eine tofte eiserne Kaste mit'n Patentschloß, wo du deine Fleppen und dein Masumm drin tun kannst."

"Emmes", seufzte Fenti, "jetzt, wo's Moos plete ist ..."

"Ist egal", tröstete Ete, "ich hab' noch so'ne Kaste, und die kriegst du, und dann bau ich dir da ein jofles Patentschloß an mit bees Schlüssel. Einen Schlüssel legst du ganz tofte weg. Aber tofte! Und an den andern mach ich dir ein Kettchen dran, und den hast du dann immer bei dir in de Plinte."

Was nun aber so ein richtiger Masselfreier ist, der bringts fertig und besäbelt sich selber noch im Schlaf. Gerade waren kimmel Wochen um, da hatte Fenti mal wieder richtig getippt. Es hatte gemasselt, und die Kaste mit das Patentschloß kam in Benutzung.

lange erpicht. Und den hat sie sich jetzt gekauft. Wenn ich daran nur denke! Und das, wo es doch jetzt gar nicht heiß ist und wir sowieso nichts zu essen haben, um es hineinzulegen. Ja, und für die Kinder hat sie Hula-Hula-Ringe mitgebracht oder sonst so ein Zinnober, und ich sitze hier nun und habe nichts zu trinken."

"Hula-Hula für die Kinder ist in Ordnung, aber Eisschrank ist schlecht", bestätigte nun auch Ete - "den brauchst du nicht. Was du aber brauchst, das ist ein guter eiserner Kasten mit einem Patentschloß, wo du deine Papiere und dein Geld hineintun kannst."

"Emmes", seufzte Fenti, "jetzt, wo das Geld weg ist ..."

"Ist egal", tröstete Ete, "ich habe noch so einen Kasten, und den bekommst du, und dann baue ich dir da ein schönes Patentschloß mit zwei Schlüsseln ein. Einen Schlüssel legst du ganz gut beiseite. Aber gut! Und an den anderen mache ich dir ein Kettchen, und den hast du dann immer bei dir in der Hose."

Was nun aber so ein richtiger Glückspilz ist, der bringt es fertig und bescheißt sich selbst noch im Schlaf. Gerade waren drei Wochen vergangen, da hatte Fenti wieder einmal richtig getippt. Es war geglückt, und der Kasten mit dem Patentschloß konnte

Wieder mal wurde jofel geschickert. Aber auch wieder mal kam Fenti am nächsten Abend mit einem betaoogten Ponum an, saß da und schmußte lau. Ete dibberte eine Weile link, dann legte er los: "Wenn ich dich nu nicht für einen ganz linken Seegers anreunen soll, dann schmuß' mich nun bloß nicht: die Balachesen wären dir wieder verschütt gegangen!"

"Das nicht", sagte er, "aber der eine Schlüssel, der mit die Kette, der is plete. Auf'n Säbelbais is mich der aus die Plinte gerutscht. Ich hatte schon das Pani abgezogen, und da is er mit weggespült."

"Dann is's ja nich schlimm, denn so Patentschlösser haben ja immer bees Schlüssel. Ich hab dir doch gesagt, den andern, den mußte ganz tofte weglegen. Das haste doch getan - oder????"

"Emmes", seufzte Fenti, "klar hab' ich das getan. Ganz tofte hab' ich den sogar weggelegt. Der liegt nämlich in die Kaste."

benutzt werden. Wieder einmal wurde gut getrunken. Aber auch dieses Mal kam Fenti am nächsten Abend mit einem dummen Gesicht an, saß da und sagte nichts. Ete sah sich das eine Weile skeptisch an, dann legte er los: "Wenn ich dich nun nicht für einen ganz durchtriebenen Kerl ansehen soll, dann erzähle mir nun bloß nicht: das Geld wäre dir wieder verloren gegangen!"

"Das nicht", sagte er, "aber der eine Schlüssel, der mit der Kette, der ist weg. Auf der Toilette ist er mir aus der Hose gerutscht. Ich hatte schon das Wasser abgezogen, und da ist er mit weggespült worden."

"Dann ist es ja nicht schlimm, denn solche Patentschlösser haben ja immer zwei Schlüssel. Ich habe dir doch gesagt, den anderen, den mußt du ganz gut weglegen. Das hast du doch getan - oder????"

"Emmes", seufzte Fenti, "natürlich, habe ich das getan. Den habe ich sogar sehr gut beiseite gelegt. Der liegt nämlich in dem Kasten."

58. VIOLESCHIEBEN UND VIGINEMACHEN

So wie die Sonne den Schnee zu Meimelpani degradiert, so hatte auch Fittis Patte recht eigenartige Schwunderscheinungen in puncto: Schickermoos. - Muckert Ihr was? - Als da auf einmal das Stichwort "Malme" fiel, da zog der Kower eine doofe Schmiege und schmußte: "Lau oser!" Dann aber wurde er sozusagen pötisch und deklamierte: "Zähl' auf den Tisch die joflen Balachesen - zück' auch den letzten Tacken noch dabei -, und schmus', es wär' so schön gewesen, wie einst im Mai, wie einst im Mai!"

Fitti, mit solcherart edlem Poem bedacht, konnte nun natürlich nicht umhin, das Lorvi zu kratzen. Er beschollte also, kam aber dennoch um hei Beschine zu kurz. Nun ja, für diesen halben Tacken war er ja immerhin gut - und den Kower würde er wohl noch um eine Lowine besäbeln können.

Anschließend, als er mit seinem Hanniehm nach'm Bais hinscheftete, wurde Fitti philosophisch, und er stellte fest: "Mit's Beschollen kann man die meisten Pennunsen verquättken." Vermittels Malloche neues Moos zu bewirchen, erschien ihm doch zu schweißtreibend, aber irgendwoher

So wie die Sonne den Schnee zu Regenwasser herabwürdigt, so hatte auch Fittis Geld recht eigenartige Schwunderscheinungen in puncto: Geld zum Vertrinken. - Merkt ihr was? - Als da auf einmal das Stichwort "Schulden" fiel, da machte der Wirt ein dummes Gesicht und sagte: "Nichts da!" Dann wurde er aber sozusagen poetisch und erklärte: "Leg' das gute Geld auf den Tisch und auch den letzten Groschen noch dazu - und sag', es wär' so schön gewesen, wie einst im Mai, wie einst im Mai!"

Fitti, mit solcherart edlem Poem bedacht, konnte nun natürlich nicht umhin, das Geld zusammenzukratzen. Er bezahlte also, ihm fehlten aber dennoch fünf Pfennige. Nun ja, für diesen halben Groschen war er immerhin gut genug - und dem Wirt würde er wohl noch ein Bier abnötigen können.

Anschließend, als er mit seinem Mädchen nach Hause ging, wurde Fitti philosophisch, und er stellte fest: "Wenn man bezahlt, wird man das meiste Geld ausgeben." Durch Arbeit neues Geld zu verdienen, erschien ihm doch zu schweißtreibend, aber irgendwoher mußte neues Geld kommen. Auf ein-

mußte neues Masumm kommen. Auf einmal hatte er eine Idee. "Emmes", sagte er, "so is es toft."

"Paß auf", wandte er sich dann an sein Hanniehm. "Du scheftest nächstens längs die Kafferusen und verscheuerst was, was ich gerade erfunden habe."

"Mööönsch, ich bin doch schließlich keine Tippelschickse - ich soll längs die Kneise teilachen? Nöö, lau!"

Beide waren schon längst im Bais angelangt und lagen schon eine hame Zeit in der Pfirche, bis er ihr endlich verkonsemaknispelt hatte, was er zum Zasterbewirchen vorhatte.

Nachdem Fitti auf Grund seiner "Itillechonz" zu einem Erfinder aufgerückt war, geriet er unversehens auch ans Mallochen.

Weil Fitti seine Bine nun einen Bekannten hatte, der bei 'n Sägewerk mallochte, so mußte der nun einige Sack Sägemehl besorgen. Die brauchte der gar nicht mal zu schoren, denn sowas gibts ja für lau. Fitti holte in der Drogerie Ostereierfarben. Damit wurden die Sägespäne gefärbt, ganz toft.

Der "Vigine" wegen, damit das Ganze auch eine echt chemische Ziroche bekäme, wurde noch etwas Salmiakgeist und noch einige andere stark

mal hatte er eine Idee. "Emmes", sagte er, "so ist es gut."

"Paß auf", wandte er sich an sein Mädchen. "Du gehst demnächst bei den Bauern vorbei und verkaufst das, was ich mir gerade ausgedacht habe."

"Mööönsch, ich bin doch keine Hausiererin - ich soll bei den Bauern vorbeigehen? Nein, kommt nicht in Frage!"

Beide waren schon längst zu Hause angelangt und lagen schon einige Zeit im Bett, als er ihr endlich klargemacht hatte, was er vorhatte, um Geld zu verdienen.

Nachdem Fitti auf Grund seiner Intelligenz zu einem Erfinder geworden war, geriet er unversehens auch an die Arbeit.

Weil Fittis Mädchen nun einen Bekannten hatte, der im Sägewerk arbeitete, mußte dieser einige Säcke Sägemehl besorgen. Die brauchte er gar nicht einmal zu stehlen, denn so etwas gibt's ja umsonst. Fitti holte in der Drogerie Ostereierfarben. Damit wurden die Sägespäne gefärbt, ganz prima.

Um vorzutäuschen, daß das Ganze auch einen wirklich chemischen Geruch annähme, wurde noch etwas Salmiakgeist und noch einige andere stark *miefende "Ingredienzen" zugesetzt. So war alles wirklich jofelino, und das einzig wirksame Mittel gegen Gartenwühlmäuse und anderes kotenes Unzeug war erfunden und sollte bei den Knäbbelkneisen gegen tofte Tackens verscheuert werden.*

Tutti war schon ein paarmal mit der Leetze über Land gewesen. Aber so "en Masse" waren doch wohl keine Doowies da, die auf den Schmuß hüppten. So entschloß sich Fitti, selber die Angelegenheit in die Hand zu nehmen. Hauptsache, Zaster mußte kommen. Und zwar bald und hame.

So kam er denn nun längs eines Schrebergartenzaunes. In dem Garten war so ein Szeegers ans wirken. "He", schmuste Fitti über den Zaun, "ich hab' hier ganz was toftes für die Wühlmäuse, reun dich das mal an." Der da drinnen hörte mit's Mallochen auf. Fitti legte nun los und rackewehlte wie 'n Tinneffreier aufn Send. Der Handel kam jofel zu Gang. Aber irgend etwas zirochte da doch nach Schonte. Etwas war da lau schauwe. Das Ponum von den Szeegers war ihm doch irgendwie bekannt. Die Schmiege war ihm früher mal begegnet.

Des Rätsels Lösung ergab sich bald. Fitti bekam eine Vorladung nach die Polente - Abteilung Kripo. Er scheftete hin und ... richtig, da saß ja der Hegel

riechende Zusätze beigegeben. So war alles wirklich bestens, und das einzig wirksame Mittel gegen Gartenwühlmäuse und andere kleine Schädlinge war erfunden und sollte bei den Bauersleuten für gutes Geld verkauft werden.

Tutti war schon ein paarmal mit dem Fahrrad aufs Land gefahren. Aber in dieser Zahl gab es doch wohl keine Trottel, die auf den Unsinn hereinfielen. So entschloß sich Fitti, die Angelegenheit selbst in die Hand zu nehmen. Hauptsache, das Geld kam herein. Und zwar schleunigst und in Menge.

So kam er dann an einem Schrebergartenzaun entlang. In dem Garten war so ein Kerl bei der Arbeit. "He", rief Fitti über den Zaun, "ich habe hier ganz was Tolles gegen Wühlmäuse, schau dir das mal an." Der da drinnen hörte mit der Arbeit auf. Fitti legte nun los und tönte wie ein Marktschreier auf dem Send. Der Handel kam gut in Gang. Aber irgend etwas stank da doch nach Scheiße. Irgend etwas war da nicht in Ordnung. Das Gesicht von dem Kerl kam ihm doch irgendwie bekannt vor. Diese Visage war ihm früher schon einmal begegnet.

Des Rätsels Lösung ergab sich bald. Fitti bekam eine Vorladung zur Polizei - Abteilung Kripo. Er ging hin und ... richtig, da saß der Kerl hinterm Schreib-

hinterm Schreibtisch. Diesmal aber nicht in Gartenmallocherskowe, sondern in Uniform und kneisterte doof über'n Dollar. Violeschieben und Viginemachen halfen da nichts, der ganze Zerch war in die Matschove.

Später, vor Gericht, vertrat Fitti dann seine felsenfeste Überzeugung, daß Wühlmäuse und Ratten garantiert mulo gingen, wenn sie nur eine genügende Portion von seinem Präparat achilen würden.

Emmes, Erfinder haben es ja zu Lebenszeiten immer schwergehabt, und so wunderte es Fitti auch nicht, daß für ihn ein Fiers Knast dabei herauskam. So zog er denn mal wieder in 'n Schemmbeis ein, kriegte gesiebte Luft und hatte einen hamen Rochus auf alles, was mit Garten zu tun hatte.

Vater schreibt man stets mit V - beim (V)eilchen weiß man 's nicht genau. Ach, so'n (F)eilchen hätte Fitti aber ganz gern gehabt. - Emmes!

tisch - diesmal aber nicht in Gartenkluft, sondern in Uniform - und guckte dämlich über die Brille. Mätzchen machen und Budenzauber treiben half da nichts mehr, jede Gerissenheit war nun für die Katz'.

Später, vor Gericht, vertrat Fitti dann felsenfest die Überzeugung, daß Wühlmäuse und Ratten garantiert stürben, wenn sie nur eine genügende Portion von seinem Präparat fressen würden.

Emmes, Erfinder haben es ja zu Lebzeiten immer schwer gehabt, und so wunderte sich Fitti auch nicht, daß für ihn ein bißchen Gefängnis dabei herauskam. So ging er denn einmal wieder in den Knast, atmete gesiebte Luft und hatte große Wut auf alles, was mit Garten zu tun hatte.

Vater schreibt man stets mit V - beim (V)eilchen weiß man's nicht genau. Ach, so'n (F)eilchen hätte Fitti aber ganz gern gehabt. - Emmes!

59. MITTM KONI VON KER ZU KER

Die Zeiten waren schofel, die Achile laulone. In den Städten hatten fast alle hame Rof. Wer Massel hatte, noch etwas Lobi zu hegen, konnte sich Fluppen und Pilo leisten. Am schofelsten hatte es der kleine Malocher, denn es gab

Die Zeiten waren schlecht, zu essen gab es nichts. In den Städten hatten fast alle schrecklichen Hunger. Wer das Glück hatte, noch etwas Geld zu besitzen, konnte sich Zigaretten und Schnaps leisten. Am schlechtesten ging

keine Maloche. - Es war nach dem ersten Weltkrieg.

Fenti und Jupp, die das Rofschieben leid waren, entschlossen sich, über Land zu beschen, um bei den Chalos zu mangewelen. Sie hatten von einer jovlen Strele in der Gegend von Beelen gehört, wo die Kneiskes nicht so gnesig sein sollten.

Sie fuhren mit dem Tralli los und, in Beelen angekommen, teilachten sie erst eine Strecke, bis sie in eine abgelegene Gegend kamen. Sie hofften, dort eher was bewirchen zu können.

Als sie in das erste Ker beschten, war der Knebbel selbst in der Küche. Als er die beiden muckerte, zog er ein mieses Ponum und schmuste, daß er nichts geben könne, da er selbst nichts hätte. Fenti reunte nach oben. Unter der Decke diwerte er im Wiem hame viel Mast und Bezinum.

Jetzt schmuste Fenti dem Hacho, daß seine Alsche und die fünf Kotens im Beis nichts zum Achilen hätten. Dabei zog er eine Schmiege, als müßte er jeden Moment plannigen. Jupp dachte, was ist der Fenti ein Viginenschieber, denn er war gar nicht vergasselt. Aber es masselte.

Der Kneis beschte zum Schapp, kappte sich einen Zachen, beschte in den Keller und kam mit einer jovlen

es dem kleinen Arbeiter, denn es gab keine Arbeit. - Es war nach dem ersten Weltkrieg.

Fenti und Jupp, die das Hungerleiden satt hatten, entschlossen sich, über Land zu ziehen, um bei den Bauern zu betteln. Sie hatten von einer guten Straße in der Gegend von Beelen gehört, wo die Bauern nicht so geizig sein sollten.

Sie fuhren mit dem Zug los und, in Beelen angekommen, gingen sie erst eine Strecke, bis sie in eine abgelegene Gegend kamen. Sie hofften, dort eher etwas erreichen zu können.

Als sie in das erste Haus gingen, war der Bauer selbst in der Küche. Als er die beiden bemerkte, verzog er das Gesicht und sagte, daß er nichts geben könne, da er selbst nichts hätte. Fenti schaute nach oben. Unter der Decke entdeckte er im Rauchfang jede Menge Speck und Wurst.

Nun erzählte Fenti dem Bauern, daß seine Frau und die fünf Kinder zu Hause nichts zu essen hätten. Dabei zog er ein Gesicht, als müsse er jeden Moment anfangen zu weinen. Jupp dachte, was ist der Fenti für ein Aufschneider, denn er war gar nicht verheiratet. Aber es glückte.

Der Bauer ging zum Schrank, schnappte sich ein Messer, ging in den Keller und kam mit einem ordentli-

Macke Mast wieder zurück und drück-
te sie Fenti in die Feme.

Als die beiden wieder draußen
waren, schmuste Jupp: "Das hat ge-
masselt. Hoffentlich bewirchen wir
überall was, dann haben wir bis heute
abend unseren Koni voll."

Fenti und Jupp beschten jetzt von
Ker zu Ker, und fast überall bewirch-
ten sie was. Mal ein Jarriken, auch mal
ein End Benzinnum und manche Mak-
ke Mast.

Es gab aber auch Chalos, die durch
die Finete reunten, wenn die beiden
aufs Ker zugingen. Fenti und Jupp
waren kochume Segerse. Sie beschten
um das Beis herum, um von hinten
durch die Dehle hereinzukommen.

Die Hachos zogen dann eine dove
Lobbe, weil sie ja vor lau ihre Haustür
abgeschlossen hatten. Wenn die bei-
den einmal im Ker drinn waren und
Fenti seine Schau mit seinen fünf Ko-
tens abzog, dann noch seine mitleids-
erregende Schmiege mimte, bewirch-
ten sie doch was.

Bei einem Chalo kneisteren die bei-
den, als sie über den Hof teilachten,
hame viele Kachelins, und Jupp schmu-
ste zu Fenti: "Hier bewirchen wir
bestimmt bes bis kimmel Jarrikes."

Als sie im Ker waren, saß da ein
Knebbelanim und war am Matrelen
makeimen. "Reun die Schmiege von

chen Stück Speck wieder zurück - und
drückte es Fenti in die Hand.

Als die beiden wieder draußen waren, sagte Jupp: "Das ist geglückt.
Hoffentlich bekommen wir überall
etwas, dann haben wir bis heute abend
unseren Sack voll."

Fenti und Jupp gingen nun von Haus
zu Haus, und fast überall bekamen sie
etwas. Einmal ein Ei, auch einmal ein
Stück Wurst und manchen Streifen
Speck.

Es gab aber auch Bauern, die durch
das Fenster schauten, wenn die beiden
auf das Haus zugingen. Fenti und Jupp
waren kluge Kerle. Sie liefen um das
Haus herum, um von hinten durch die
Diele hereinzukommen.

Die Bauern zogen dann ein dummes
Gesicht, weil sie ihre Haustür ja wohl
unnützerweise abgeschlossen hatten.
Wenn die beiden einmal im Haus waren
und Fenti seine Schau mit seinen fünf
Kindern abzog, dann noch ein mitleid-
erregendes Gesicht machte, bekamen
sie trotz allem etwas.

Bei einem Bauern sahen die beiden,
als sie über den Hof gingen, sehr viele
Hühner, und Jupp sagte zu Fenti: "Hier
bekommen wir bestimmt zwei bis drei
Eier."

Als sie im Haus waren, saß da ein
Bauernmädchen und schälte Kartoffeln.
"Schau dir das Gesicht von dem Mäd-

das Anim", schmuste Fenti. *Solches schofle Ponum hatten die zwei noch nie gekneistert.*

Als Jupp nun schmuste wegen Jarrikes, fing das Romdi an zu schallern an ("Alle meine Enten"). "Die is nerwelo, die hat eine Macke weg", schmuste Fenti. "Wenn ich wüßte, ob das Romdi alleine im Ker ist, dann möchte ich wohl in den Kachelinstall beschen und einige Jarrikers schoren", meinte er. "Lauoser, das hat keinen Sinn, wenn zufällig der Kneis kommt und Dich beim Schoren erwischt, holt der womöglich seinen Püster und jagt Dir eine Ladung Schrott innen Tokus. Laß uns man weiter beschen. Von Schoren will ich nix wissen", schmuste Jupp.

Die Juchelos von den Hachos machten den beiden viel zu schaffen, denn die kamen aus ihren Ecken gebrakt und wollten sie in die Zemonsen kappen.

Als sie mal wieder durch die Dehle teilachten, sprang plötzlich ein großer Keilof auf sie zu und riß Jupp die Plinte machulle. Jupp hätte sich vor More bald beseibelt.

Gegen Mittag, als sie wieder in ein Ker kamen, war die ganze Kneisfamilie am Achilen, und Fenti schmuste, ob sie wohl etwas mitachilen könnten, sie hätten hame Rof. Die Knebbelalsche gab ihnen gebratene Matrelen, dazu gabs einen jovlen End Bezinnum.

chen an", sagte Fenti. Solch ein häßliches Gesicht hatten die beiden noch nie gesehen.

Als Jupp nun wegen der Eier fragte, fing das Mädchen an zu singen ("Alle meine Enten"). "Die ist verrückt, die hat den Verstand verloren", sagte Fenti. "Wenn ich wüßte, ob das Mädchen allein im Haus ist, dann würde ich wohl in den Hühnerstall laufen und einige Eier stehlen", meinte er. "Nichts da, das hat keinen Sinn, wenn zufällig der Bauer kommt und dich beim Stehlen erwischt, holt er womöglich sein Gewehr und schießt dir eine Ladung Schrot in den Hintern. Laß uns nur weitergehen. Vom Stehlen will ich nichts wissen", sagte Jupp.

Die Hunde der Bauern machten den beiden viel zu schaffen, denn die kamen aus ihren Ecken gelaufen und wollten sie in die Beine beißen.

Als sie einmal wieder durch die Diele gingen, sprang plötzlich ein großer Hund auf sie zu und riß Jupp die Hose kaputt. Jupp hätte sich vor Angst bald in die Hose gemacht.

Gegen Mittag, als sie wieder in ein Haus kamen, war die ganze Bauersfamilie beim Essen, und Fenti fragte, ob sie wohl etwas mitessen könnten, sie hätten großen Hunger. Die Bauersfrau gab ihnen Bratkartoffeln, dazu gab es ein schönes Stück Wurst.

Noch so manches Beisken manschten die beiden ab. Als es auf den Abend zuging, teilachten sie wieder in Richtung Beelen, um mit dem Tralli nach Münster zu fahren. Ihr Koni hatte sich ganz toft gefüllt, und Jupp schmuste, daß sie einen Teil davon auf dem Schwarzen Markt verschebbern wollten.

Für das Lobi wollten sie Fluppen, Pilo und noch andere jovle Sachen kindigen. "Ömmes, Jupp, ich bin damit einverstanden", rakewelte Fenti.

Als sie wieder in Beelen waren, reunten sie am Charet einen Klisto. Jupp schmuste: "Jetzt aber nix wie plete nach Münster. Wenn ich an Schembeis denke, wirds mir schofel. Fenti, wenn der Klisto uns kappt, ist unsere ganze Bewirche pote. Auch Tage Knast wird der uns aufbrummen."

Die beiden hatten Massel. Abends, als Jupp und Fenti wieder im Beis waren, wurde die Bewirche geteilt, und sie rakewelten über die Strele, die sie das nächste Mal abmaschen wollten.

Noch so manches Häuschen klapperten die beiden ab. Als es auf den Abend zuging, zogen sie wieder in Richtung Beelen, um mit dem Zug nach Münster zu fahren. Ihr Sack hatte sich ganz schön gefüllt, und Jupp sagte, daß sie einen Teil davon auf dem Schwarzmarkt verkaufen wollten.

Für das Geld wollten sie Zigaretten, Schnaps und noch andere schöne Sachen kaufen. "Klar, Jupp, ich bin damit einverstanden", sagte Fenti.

Als sie wieder in Beelen waren, sahen sie am Bahnhof einen Polizisten. Jupp sagte: "Jetzt aber nichts wie weg nach Münster. Wenn ich ans Gefängnis denke, wird mir übel. Fenti, wenn der Polizist uns erwischt, dann ist unsere ganze Beute verloren. Auch einige Tage Gefängnis wird er uns aufbrummen."

Die beiden hatten Glück. Abends, als Jupp und Fenti wieder zu Haus waren, wurde die Beute geteilt, und sie redeten über die Straße, die sie das nächste Mal abklappern wollten.

60. TACKOACHILEKABACHE

Paule, der alte Schlucker, quasselt
mal wieder dusselig:

In unsern Beis, da pooft als Unter-
mieter bei der Familie über uns son
kleinen hennigen Itacker. Der is Speiss-
makeimer in som Laden annen Hafen.
Das ist kein Tippeljöner. Könnt ma
kneistern, wie der nach Feierabend
toffte in Schale geht. Wenn der Seegers
in seine Bude Makaroni kocht, dann
schallert der immer von Azuro oder so.

Der neue Macker, mit den Emmi
jetzt tippelt, heißt Frinsel. Datt is viel-
leicht nen feinen Pinsel. Der verwöhnt
die Meite hame. Wenn die beiden zu
unsern Kower kommen, dann bestellt
der bei der Kowerine immer ne Lowine
Sprit. Datt is kein Fusel, sondern nur
Kribbelpani.

Schwer auf Zack is die Emmi ja. Die
brauch nur mal son bisken süß kneis-
tern, und schon is der Frinsel fertig
wie en Neubau. Auf die ganz laue Tour
hat se ihm neulich en Ozelot aus de
Nase gezogen. In den Kaftan sieht die
ja aus wie läufige Schickse. Aber watt
willste dagegen machen, der Frinsel
hatt ne Meise unterm Ponnie.

Mit die Blagen hatt man nur Bras-
sel. Unsern Heini, den nennen seine

Paule, der alte Schlucker, redet einmal wieder dummes Zeug:

In unserem Haus, da schläft als Un-
termieter bei der Familie über uns so ein
kleiner pfiffiger Italiener. Der ist Bauarbeiter in einem Unternehmen am
Hafen. Das ist kein unsteter Mann. Ihr
solltet einmal sehen, wie der sich nach
Feierabend schön in Schale wirft. Wenn
der Kerl in seiner Bude Makkaroni
kocht, dann singt der immer von Azuro
oder so.

Der neue Kerl, mit dem Emmi jetzt
geht, heißt Frinsel. Das ist vielleicht ein
feiner Pinsel. Der verwöhnt das Mädchen sehr. Wenn die beiden zu unserem
Wirt kommen, dann bestellt der bei der
Wirtin immer eine Flasche Sprit. Das ist
kein Schnaps, sondern nur Kribbelwasser.

Sehr raffiniert ist die Emmi ja. Die
braucht nur einmal ein bißchen süß zu
gucken, und schon ist der Frinsel fertig
wie ein Neubau. Auf die ganz leise Art
hat sie ihm neulich einen Ozelot abge-
schwatzt. In dem Mantel sieht die ja aus
wie ein leichtes Mädchen. Aber was
will man dagegen machen, der Frinsel
hat nun einmal einen Vogel.

Mit den Kindern hat man nur Ärger.
Unser Heini, den nennen seine Freunde

Kumpels "Sir Heini", will doch patut sonne Tackoachilekabache am Charett von meinen Schwager pachten. Der kann nich mehr so, der hats so mit die Matzebeckers. Heini iss en Hallasvogel. Trallafitti machen, datt kann er ganz schön. Aber mit de Mispel hatt er auch all Theater wegen de Promille. Meine Olle iss schwer brastig auf den Langen mit seine Schmalzlocken. Unser Gerda, die nimmt immer vielleicht nen Paket Knirften mit nach de Maloche. Wenn se man nich so viel Fluppen verkonsumierte, hätt sie auch mehr Tackens auf de Patte.

Tu ich mir mal einen schickern, dann iss gleichs Qualm bei uns inne Küche. Mein lieber Jolly, gibs dann watt primameres, als so richtig einen inne Figur zu haben? Datt hatt unser Vatter auch immer rakawelt. Auch mein Kollege, watt der Kalla aus Klein Muffi iss, der mochte ja auch so gern einen. Sein Schmarrer hat's ihm verboten. Auf den iss er ja nun schwer mies. Kalla schmust, daß er konstaniert müsste sein. Der Doktor hatte datt von ihm verlangt. Da Kalla nen tofften Kerl iss, tut er datt auch brav.

So, nu tu ich mir allein einen schickern, un wenn meine Alsche Löcher inne Socken kriegt. Ich hab son Brand. Der knall ich mal unser Grundgesetz vors Plafon. Lass menn, ich schluck für

"Sir Heini", will doch unbedingt so eine Schnellimbißbude am Bahnhof von meinem Schwager pachten. Der kann nicht mehr so, der hat es so mit den Augen. Heini ist ein Draufgänger. Wirbel machen, das kann er recht gut. Aber mit der Polizei hat er dann stets Theater wegen der Promille. Meine Alte ist sehr ärgerlich auf den Langen mit den Schmalzlocken. Unsere Gerda, die nimmt vielleicht immer einen Haufen Butterbrote mit zur Arbeit! Wenn sie nicht so viel Zigaretten bräuchte, hätte sie auch mehr Groschen im Portemonnaie.

Trink ich mir mal einen, dann qualmt es gleich bei uns in der Küche. Mein lieber Jolly, gibt es denn etwas besseres, als so richtig einen im Schuh zu haben? Das hat unser Vater auch immer gesagt. Mein Kollege, der Kalla aus Klein Muffi, der trank auch so gern einen. Sein Arzt hat es ihm verboten. Auf den ist er ja nun sehr böse. Kalla sagt, daß er verwirrt sein müsse. Der Doktor hätte das von ihm verlangt. Da Kalla ein toller Kerl ist, macht er das auch brav.

So, nun trinke ich mir allein einen, und wenn meine Frau Löcher in die Socken bekommt. Ich habe so einen Durst. Der halte ich einmal unser Grundgesetz vors Gesicht. Laßt man,

euch alle. Noch joveler wär, ihr kömmt.
Dann tue ich datt schon deichseln und
einen aus. Die nötigen Pienunzen habe
ich vonne Schwarzmaloche und von
die Miswettermalocherente.

ich trinke für euch alle. Noch schöner
wäre es, ihr kämet. Dann regelte ich
das schon und gäbe einen aus. Das
nötige Geld dafür habe ich durch
Schwarzarbeit und Schlechtwettergeld.

Tüss!
Euer Päule

Tschüß!
Euer Päule

61. MUFF BLIFF MUFF

Tönne seine Alte wollte ihn patout
inne Nasenbleiche schicken, weil er
immer so schickerte. Aber Tönne war
mucker, nicht nerbelo. Er beschte
nachen Dachdecker hin. Der dibberte
fix, daß Tönne nich auf Kolone machte
und auch kein Suchtmuffel war.

So durfte dann Tönne weiter schik-
kern, Lowinchen und Quinis. Die
braucht er auch als Lapanenmalocher
bei die Scheißmaloche, wo man immer
im Pani stehen muß und nasse Maß-
mienen kriegt.

Tönne war hame hei. Er hatte kein
Muffensausen mehr. Seine Ische konn-
te wegen sein Schickern nix mehr
bewirchen. Also das mußte er doch
ganz takko seinen Kumpel Heini, den
Schockfreier, schmusen.

In jovelen Zwirn tippelte Tönne
nach seine Katschkedi. Der Kover war

Tönnes Frau wollte ihn unbedingt in
eine Entziehungskur schicken, weil er
immer so trank. Aber Tönne war schlau,
nicht dumm. Er ging zum Seelenklemp-
ner. Der merkte schnell, daß Tönne
nicht durchgedreht und auch kein
Süchtiger war.

So durfte Tönne dann weitertrin-
ken, Bierchen und Schnäpse. Die
braucht er als Bauarbeiter bei der
Drecksarbeit, bei der man immer im
Wasser stehen muß und nasse Schuhe
bekommt.

Tönne war guter Dinge. Er hatte
keine Angst mehr. Seine Frau konnte
gegen sein Trinken nichts mehr aus-
richten. Also das mußte er doch ganz
schnell seinem Kumpel Heini, dem
Schausteller, erzählen.

In gutem Anzug ging Tönne zu seiner Kneipe. Der Wirt war ärgerlich,

mies, weil gerade son Bambulenfürst plete gegangen war. Der hatte ihm nen braunen Riesen aus der Kasse geschort. Die Polente aber kennt den Seegers, dann werden sie ihm ja wohl kappen.

Heini war schon mies, daß Tönne jetzt erst angeteilacht kam. Das Anim hinterm Tresen is ja ganz toffte Chinne, aber die Kamine von der mit ihre Freiers kann man ja nich anne Ohren haben. Wenn die aufdreht, dann wirft Tönne die Ampel an.

Heini meinte zu seinen Kumpel: "Du, die sind jetzt immer von Muff in Münster am rakawelen." "Muff bliff Muff", kannste lesen überall. Die muckern das jetzt erst, und dabei gibts Klein-Muffi schon so lange. Aber die Malocher fragen se ja nich."

Heini hatte nicht mehr viel Moos auf de Patte. Er rauchte schon Gefriemelte. Tönne spendierte, da Heini hame Rof hatte, noch zwei Fridadeusen, und dann schemmten die beiden nach Beis. Mensch, war das am meimeln.

weil sich gerade so ein Ganove aus dem Staub gemacht hatte. Der hatte ihm einen braunen Riesen aus der Kasse gestohlen. Die Polizei aber kennt den Kerl, dann werden sie ihn ja wohl fassen.

Heini war schon böse, daß Tönne jetzt erst angelaufen kam. Das Mädchen hinter dem Tresen ist ja eine ganz tolle Frau, aber ihr hitziges Getue um die Männer kann man ja nicht ertragen. Wenn die loslegt, dann schaltet Tönne auf rot.

Heini sagte zu seinem Kumpel: "Du, die reden jetzt immer vom Muff in Münster." "Muff bleibt Muff", kannst du überall lesen. Die merken das erst jetzt, dabei gibt es Klein-Muffi schon so lange. Aber die Arbeiter werden ja nicht gefragt."

Heini hatte nicht mehr viel Geld in der Tasche. Er rauchte schon Selbstgedrehte. Da Heini sehr großen Hunger hatte, gab Tönne noch zwei Frikadellen aus, und dann gingen die beiden nach Hause. Mensch, war das am Regnen.

62. HAMEL JOVLER SEEGER

Erwin hat hamel Rochus auf seine Alsche, als er beim Kover in der Schecherie eine Lowine bestellt. "Maschemau", rackewelt er seinem Kumpel Venti, der hier auch derbe am Schikkern ist, "im Beis wär ich fast kolone geworden. Hab mal wieder schwer Stoof mit mein Schabo gehabt." Venti schmust: "Was war denn, ich hab ja keine Zerche." "Ach, ich wollte Karneval mal wieder so richtig einen durchn Hut machen, bei Freudenthal aufm Maskenball. Tofte einen schwofen, jovel einen schnasseln - aber meine Alsche will partout nich aus'm Beis. Aufs Schwofen, hat se mir verkasematuckelt, hätte se keinen Bock, und fürs Schickern hätten wir keinen Schotter."

Venti schmergelt sich einen: "Dann brauchst du eben ne andere Töle, mit der du schwofen und bechern kannst." Erwin kneistert belämmert ausse Wäsche: "Du bis ja nerwelo. Wie soll ich denn so'ne Schickse anmachen. Ganzen Tag auffe Maloche, abends vorn Kneisterkasten, nachts inne Firche, am Wochenende inne Kneipe. Ich geh doch nich auffe Strele, um son Romdi auszubaldowern." Doch Venti schmust: "Ich will dir mal verknickern, wie man sowas

Erwin hat eine große Wut auf seine Frau, als er beim Wirt in der Kneipe ein Bier bestellt. "Maschemau", erzählt er seinem Kumpel Venti, der hier auch kräftig trinkt, "zu Hause wäre ich fast verrückt geworden. Ich habe wieder einmal schweren Ärger mit meinem Mädchen gehabt." Venti sagt: "Was war denn, ich weiß ja von nichts." "Ach, ich wollte Karneval einmal wieder so richtig auf die Pauke hauen, bei Freudenthal auf dem Maskenball. Schön tanzen, tüchtig einen trinken - aber meine Frau will partout nicht aus dem Haus. Zum Tanzen, hat sie mir erklärt, hätte sie keine Lust, und zum Zechen hätten wir kein Geld."

Venti grinst: "Dann brauchst du eben ein anderes Mädchen, mit dem du tanzen und trinken kannst." Erwin schaut dumm aus der Wäsche: "Du bist ja verrückt. Wie soll ich denn zu so einem Mädchen kommen? Den ganzen Tag bei der Arbeit, abends vor dem Fernseher, nachts im Bett, am Wochenende in der Kneipe. Ich gehe doch nicht auf den Straßenstrich, um so ein Mädchen zu finden." Doch Venti sagt: "Ich will dir einmal erklären, wie man so etwas

mänglowiert. Du mußt einfach ne Klein-
anzeige berappen."

   Es dauert nicht lange, da sind beide
pegelschicker. Und Venti schlört Er-
win zu dem Beis, wo der Potthast
gemacht wird. Die Ische hinterm Tre-
sen reunt zwar ziemlich besengt, als
Venti ihr verkasematuckelt, sie wollten
mitte Kleinanzeige ne Schickse ausbal-
dowern - aber dann füllte sie die Flep-
pe aus. Erwin beribbelt einen Heier-
mann. Und am andern Tag steht im
Potthast: "Hamel jovler Seeger sucht
kurantes Anim zum Schwofen, Schik-
kern und Schäkern. Angebote unter
Chiffre sex-sex an den Potthast ..."

   Am Aschermittwoch steht Venti
wieder in der Kneipe am Tresen und
bechert seine Lowine, als Erwin in den
Laden latscht. "Mensch Erwin", la-
bert Venti, "nun schmus mir doch mal,
was mitte Kleinanzeige geworden ist.
Hasse ne jovle Töle gefunden?"

   "Ömmes", rackewelt Erwin, "an-
dern Tag konnt ich mir beim Potthast
schon 111 Fleppen abholen. Alles von
kuranten Anims, die mal mit nem hamel
jovlen Seeger schäkern wollten." Ven-
ti ist ganz baff: "Ja und, was haste
bewircht?" "Eine Fleppe war beson-
ders toffte. Sie hätte, so schrieb se, so'n
blöden Knilch im Beis, der immer alles
vermasselte und der sie ganz meschug-
ge machte. Und da brauchte sie jetzt

einfädelt. Du mußt einfach Geld für
eine Kleinanzeige ausgeben."

   Es dauert nicht lange, da sind beide
volltrunken. Und Venti schleppt Erwin zu dem Haus, in dem der Potthast
gemacht wird. Das Mädchen hinter
dem Tresen guckt zwar ziemlich selt-
sam, als Venti ihr erklärt, sie wollten
per Kleinanzeige ein Mädchen ken-
nenlernen - aber dann füllte sie das
Formular aus. Erwin bezahlt fünf Mark,
und am anderen Tag steht im Potthast:
"Ganz toller Mann sucht gut aussehen-
de Frau zum Tanzen, Trinken und Flirten. Angebote unter Chiffre sex-sex an
den Potthast ..."

   Am Aschermittwoch steht Venti
wieder in der Kneipe am Tresen und
trinkt sein Bier, als Erwin in die Kneipe kommt. "Mensch Erwin", sagt Venti,
"nun sag'mir doch einmal, was aus der
Kleinanzeige geworden ist. Hast du
ein tolles Mädchen gefunden?"

   "Ömmes", erzählt Erwin, "am anderen Tag konnte ich mir beim Potthast schon 111 Briefe abholen. Alle
von flotten Mädchen, die einmal mit
einem ganz tollen Mann flirten wollten." Venti ist ganz erstaunt: "Ja und,
was hast du erreicht?" "Ein Brief war
besonders toll. Sie hätte, so schrieb sie,
so einen blöden Kerl zu Hause, der
immer alles verpatzte und der sie ganz
verrückt machte. Und da bräuchte sie

mal son richtig muckeren Macker ..."

"Und dann", so rackewelt Erwin, "haben wir uns gleich für den Maskenball von Freudenthal verabredet. Sie wollte als Butterblümchen kommen, ich als Püttmalocher. Ich hab se auch gleich ausbaldowert: Ein schnuckeliges Butterblümchen, sag ich dir, prima Knospen, jovlen Körning, kurante Figur. Was soll ich lange palavern: Wir haben geschwoft, wir haben geschickert - und wir haben ganz schön rumscharwenzelt. Und schließlich hab ich sie gefragt, ob wir nicht zu ihr nach Beis teilachen sollten. Wir könnten ja inne Pofe noch ein bißchen weiterquasseln ..."

"Schön un gut", schmust Venti, "aber wer hat dir das Ponum so vermackelt, und wo hast du die blauen Döppen her?" Erwin hat das Pani inne Döppen stehn, als er weiterlabert: "Das kam so: Ich war ja schon pegelschikker, als wir beide schließlich auf ihre Bude tigerten. Trotzdem kam mir alles ziemlich bekannt vor: die Strele, das Beis, die Bude. Und als das Butterblümchen dann die Blütenblätter und den Schleier fallen ließ, kam mir auch das Anim so bekannt vor. Ich kneister, ich dibber, ich knispel - aber es half nix: Das Butterblümchen war meine Alsche ..."

jetzt einmal so einen richtigen Mann ..."

"Und dann", so erzählt Erwin, "haben wir uns gleich für den Maskenball von Freudenthal verabredet. Sie wollte als Butterblümchen kommen, ich als Bergmann. Ich habe sie auch gleich erkannt. Ein süßes Butterblümchen, sag' ich dir, prima Knospen, schöner Busen, hübsche Figur. Was soll ich lange reden: Wir haben getanzt, wir haben getrunken, und wir haben heftig geflirtet. Und schließlich habe ich sie gefragt, ob wir nicht zu ihr nach Hause gehen sollten. Wir könnten ja im Bett noch ein bißchen weiterreden ..."

"Schön und gut", sagt Venti, "aber wer hat dir das Gesicht so verbeult, und wo hast du die blauen Augen her?" Erwin steht das Wasser in den Augen, als er weiterspricht: "Das kam so: Ich war ja schon volltrunken, als wir beide schließlich auf ihr Zimmer gingen. Trotzdem kam mir alles ziemlich bekannt vor: die Straße, das Haus, das Zimmer. Und als das Butterblümchen dann die Blütenblätter und den Schleier fallen ließ, kam mir auch das Mädchen so bekannt vor. Ich gucke, gucke und gucke - aber es half nichts: Das Butterblümchen war meine Frau ..."

63. MISPEL MIT MOTTEK VERDELLT

Sie war ein kurantes Anim, und sie hegte einen schummen Wuddi. Und eines Tages beschte sie mit ihrem schummen Wuddi inne Zitty, anne Bahnhofstraße. Sie stellte ihn einfach anne Strele und teilachte los. Laulone was für den Schotter-Osnik (das ist so'n Apparat, wo de Kotenmoos beribbeln muß, wennze deinen Wuddi da abstellen willz). Schließlich wollte sie nur tacko ne neue Kowe bicken - ein Tie-Schört, wie die Ischen schmusen. Das is so'n kotener Plurren, in dem de lau was verkaliboren kannz, weshalb die Schauters solche Kowe hamel jovel finden.

Das Anim teilachte also inne Buhtick (das is so 'ne neumodische Klamotten-Kabache). Aber wie das so is: Die Kaline probierte erst ein Tie-Schört, dann ne Staude, dibberte hier noch ne Bosse, da noch ne Plinte, kneisterte hier nen feschen Obermann und da muckere Masminen.

Als das Anim ausse Buhtick wieder rausschemmte, dibberte sie gleich, was ambach war. Neben ihrem Wuddi stand ein Hipo - son'ne Amateur-Mispel, so'n Figinenköster, den das Kaff beschollt, damit er falsch oder für lau geparkte Wuddis ausbaldowert. Und wenn er

Sie war ein hübsches Mädchen, und sie hatte einen großen Wagen. Und eines Tages fuhr sie mit ihrem großen Wagen in die Stadt, zur Bahnhofstraße. Sie stellte ihn einfach an die Straße und ging los. Nichts in die Parkuhr (das ist so ein Apparat, bei dem du Kleingeld bezahlen mußt, wenn du deinen Wagen da abstellen willst). Schließlich wollte sie nur schnell etwas Neues zum Anziehen kaufen - ein T-Shirt, wie die Mädchen sagen. Das ist so ein kleiner Fetzen, in dem du nichts verstecken kannst, weshalb die Männer solche Kleidung sehr schön finden.

Das Mädchen ging also in eine Boutique (das ist so ein neumodisches Bekleidungsgeschäft). Aber wie das so ist: Das Mädchen probierte erst ein T-Shirt, dann eine Bluse, sah hier noch eine Hose, da noch eine Hose, entdeckte hier einen schicken Hut und da schicke Schuhe.

Als das Mädchen aus der Boutique wieder herauskam, bemerkte es gleich, was da los war: Neben ihrem Wagen stand ein Hilfspolizist - so eine Amateurstreife, so ein Aufschneider, den die Stadt bezahlt, damit er falsch oder ohne Gebühr geparkte Wagen ausfin-

einen gefunden hat, bewircht er nen Knöllchen, so'n Balachesen-Papierchen - und schon kannze nen Kaffermann schucken.

Natürlich hatte das Anim hamel Rochus auf den schoflen Seeger. Und am liebsten hätte sie ihm einen mittem Mottek verdellt. Aber dann kam ihr eine jovlere Idee. Sie zog das neue Tie-Schört stramm, schob den Körning vor, verdrehte die Röllekes, wackelte mit dem Tokus, schmergelte wie dat Romdi von Kattenvenne und schäkerte hamel drauflos.

"Lieber Herr Generalwachtmeister!" schmuste sie und bot dem Balachesen-Freier erst mal 'ne Zichte an. Und dann rakawelte sie dem Seeger von den engen Tie-Schörts und den weiten Plinten, daß alles so jackes wär und sie doch lau Lowi mehr hätte - und maschemau: Der Mispel-Verschnitt ließ sich tatsächlich belabern und beseibeln, steckte die Fleppe wieder inne Chatte und beschte pleite.

Das Anim hatte hamel Jontef und wollte gerade den Wuddi aufschließen und abdüsen - als der nächste Brassel ambach war: Der Schlüssel paßte nich in den Wuddi.

Ratlos dibberte sie die Strele entlang - und traute ihren Döppen kaum: Da standen doch zwei Wuddis vom

dig macht. Und wenn er einen gefunden hat, bekommt der ein Knöllchen, so ein Zahlungsformular - und schon kann man einen einen Zwanziger bezahlen.

Natürlich hatte das Mädchen eine große Wut auf den blöden Kerl. Und am liebsten hätte sie ihm einen Schlag mit dem Hammer verpaßt. Aber dann kam ihr eine bessere Idee. Sie zog das neue T-Shirt stramm, schob den Busen vor, verdrehte die Augen, wackelte mit dem Hintern, lächelte wie das Mädchen von Kattenvenne und flirtete heftig darauf los.

"Lieber Herr Generalwachtmeister!" sagte sie und bot dem Geldeintreiber erst einmal eine Zigarette an. Und dann erzählte sie dem Mann von den engen T-Shirts und den weiten Hosen, daß alles so teuer wäre und sie doch kein Geld mehr hätte - und maschemau: Der Polizisten-Verschnitt ließ sich tatsächlich überreden und blenden, steckte das Papier wieder in die Tasche und verschwand.

Das Mädchen amüsierte sich sehr darüber und wollte gerade den Wagen aufschließen und wegfahren - als der nächste Ärger da war: Der Schlüssel paßte nicht zum Wagen.

Ratlos sah sie die Straße entlang - und traute ihren Augen kaum: Da standen doch zwei Autos desselben Typs

selben Typ direkt nebeneinander. Und sie stand am falschen. Noch schofeler: Sie hatte dem falschen einen Kaffermann erspart. Ihr Wuddi war der andere. Und hinter dessen Fineeten-Wischer steckte ein kotenes Knöllchen ...

direkt nebeneinander. Und sie stand am falschen. Noch schlimmer: Sie hatte dem falschen einen Zwanziger erspart. Ihr Wagen war der andere. Und hinter dessen Scheibenwischer steckte ein kleines Knöllchen ...

64. EIDA, OPER VON FERDI

Päule, Speissmakeimer, hat beim Neubau für die Kammerspiele mit malocht. Der Päule war manchmal mies wegen die hame Schufterei, denn das Beis sollte ja pünktlich fertig sein. Er und seine Kumpels haben es dann bewirchen können. Dafür durften sie sich schöne Suppe in den Jungfermann stecken.

Der Kunstbunker steht wie 'ne 1, und die Experten konstantieren, es sei ein tofftes Bauwerk. Was die klugen Segersse schmusen, muß jawoll koscher sein.

Weil die Makkers wie die Schautermänner gemackelt haben, hat der Chef sich was merken lassen und jedem von ihnen 'ne Entreekarte für lau gesteckt.

Päule hätte lieber Lowinen, Bezinnem oder was anderes zum Achilen gehabt. Aber sein Anim, das immer mosert, wollte patout mit ihrem Freier

Päule, ein Bauarbeiter, hat beim Neubau für die Kammerspiele mitgearbeitet. Der Päule war manchmal böse wegen der vielen Arbeit, denn das Haus sollte ja pünktlich fertig sein. Er und seine Kollegen haben es dann auch geschafft. Dafür durften sie sich ein ansehnliches Sümmchen in die Jacke stecken.

Der Kunstbunker steht wie eine Eins, und die Experten sagen, es sei ein schönes Bauwerk. Was diese klugen Männer sagen, muß ja wohl richtig sein.

Weil die Männer wie richtige Kerle gearbeitet haben, hat der Chef sich aufmerksam gezeigt und jedem von ihnen eine kostenlose Eintrittskarte zugesteckt.

Päule hätte lieber Biere, Wurst oder etwas anderes zu essen gehabt. Aber sein Mädchen, das immer meckert, wollte partout mit ihrem Freund ein-

einmal schick, so richtig wie 'ne Dame, im Theater gehen und in Loge sitzen. Päule mußte sich in Schale werfen. Für ihn waren Schmonzes, schlimmer als inne Tiffle. Am liebsten wäre er geteilacht.

Als Pause war, wollte seine Ida auch nochen Tacken fürs Klo. Päule tippelte nach draußen und steckte sich 'ne Fluppe ins Gesicht. Er war in Brast und rakewelte vor sich hin: "So 'ne Schore, lieber malochen!" Als der Stuß dann endlich am Soff war, holte Päule die Klamotten für sich und Ida an der Kleiderbewahrstation ab ... und nix wie weg.

Die beiden preschten noch zu ihrem Kower. Als der das Pärchen reunte, schmuste er: "Na, war's toffte im Theater?" "Hör bloß auf mit dem Seg, sonst vermackle ich dich noch. Haste nix zum Frengeln? Ich habe hamen Row." Der Kower: "Wurde nicht Aida gespielt?" "Du alter Schauter, jetzt habe ich es gemuckert: Ömmes Eida, Oper von Ferdi."

mal schick, so richtig wie eine Dame, ins Theater gehen und in der Loge sitzen. Päule mußte sich in Schale werfen. Für ihn waren das Äußerlichkeiten - schlimmer als in der Kirche. Am liebsten wäre er davongelaufen.

Als Pause war, wollte seine Ida auch noch einen Groschen für die Toilette. Päule ging nach draußen und steckte sich eine Zigarette ins Gesicht. Er war ärgerlich und redete vor sich hin: "So ein Schund - dann lieber arbeiten!" Als der Ärger dann endlich vorbei war, holte Päule für sich und Ida die Kleidung von der Garderobe ab ... und nichts wie weg.

Die beiden gingen noch zu ihrem Wirt. Als der das Pärchen sah, sagte er: "Na, war es schön im Theater?" "Hör bloß auf mit dem Geschwätz, sonst verhaue ich dich noch. Hast du nichts zu essen? Ich habe großen Hunger." Der Wirt: "Wurde nicht Aida gespielt?" "Du alter Kerl, jetzt verstehe ich: Klar, Eida, Oper von Ferdi."

65. KRIBBELPANI UND GLITZERKAFTAN

Ich, Manni Mackermann, Speissmakeimer aus Kotenbeis, hab mit Karneval eigentlich nicht viel inner Birne - höchstens, wenn in der Kaschemme bei uns an der Ecke, wo ich abends nach der Maloche mal ne Lowine becher, wenn da so'n bißken Remmidemmi und Ringelpietz mit Anpäcken ist. Letzte Woche jedenfalls, da schmust mir der Kower von dem Schickerbeis, er wollte mir ne Eintrittskarte von "Freudenthal" verscherbeln. Sollte ich doch mal hinschemmen ...

Ich hol also mein Edel-Zwirn aus dem Schrank, schmeiß mich in Schale und pesel mit meine Leeze zur Bahnhofs-Pinte. Mensch, da war vielleicht ein Bambonum zugange! Gleich anne Tür hab ich son Kneiss aus Rinkerode gedibbert, der sonst immer mit so'ner schoflen Malocher-Bosse durch die Gegend päst: scharwenzelt der doch mit einem schwarzen Nobel-Kaftan durchs Gedränge wie Graf Koks. Neben ihm 'ne Schickse: kaum Klamotten am Balg, aber 'ne ganzen Tuschkasten im Ponum. Na ja, ich bin gleich plete geböscht, damit ich dem nicht in die Quere kam, und hab mein Plätzken ausbaldowert. Und wo komm ich zu

Ich, Manni Mackermann, Maurer aus Kinderhaus, habe mit Karneval eigentlich nicht viel im Sinn - allenfalls, wenn in der Kneipe bei uns an der Ecke, in der ich abends nach der Arbeit manchmal ein Bier trinke, wenn da so ein bißchen Trubel und Ringelpiez mit Anfassen ist. Letzte Woche jedenfalls, da erzählt mir der Wirt der Gaststätte, er wolle mir eine Eintrittskarte von "Freudenthal" verkaufen. Da sollte ich doch einmal hingehen ...

Ich hole also meinen besten Anzug aus dem Schrank, werfe mich in Schale und radle mit meinem Fahrrad zur Bahnhofskneipe. Mensch, da war vielleicht ein Trubel! Gleich an der Tür habe ich so einen Bauern aus Rinkerode gesehen, der sonst immer mit so einer schäbigen Arbeitshose durch die Gegend läuft: scharwenzelt der doch mit einem schwarzen Festanzug durch das Gedränge wie Graf Koks. Neben ihm ein Mädchen: kaum Kleider am Leib, aber einen ganzen Tuschkasten im Gesicht. Na ja, ich bin gleich weitergegangen, damit ich ihm nicht in die Quere kam, und habe mir ein Plätzchen gesucht. Und wo setze ich mich

sitzen - neben dem schärfsten Aniem aus dem ganzen Saal!

Ich hatte die Kaline kaum richtig gepeilt, quatscht mich auch schon der Kower an. Der Seeger von dem Aniem bestellt gleich eine dicke Gewerkschaftsbrause. Aber ich dachte: Schnassel dir erst mal son Kribbelpani. Wenn du gleich mit Lowinen und Fusel einsteigst, dann biste bald schikker. Und schließlich wollt ich doch was dibbern - für den Heiermann, den ich geblecht hatte ...

Zuerst laberte da ein Schauter, der war wohl leicht belämmert und auch ein bißken nerbelo. "Büttredner" nannte er sich. Aber dann gab's schwer was zu kneistern: acht hamel jofel gebaute Ischen mit son Gruppenschwoof. "Mannefeld-Ballett", schmuste son Seeger hinter mir. Tja, und dann kam ein Kaffer mit son Glitzerkaftan, der war wohl auch leicht kolone: Wedelt da vorne mit der Fluppe in der Feme und faselt was von "Helau". Ob das son Lauschepper war, daß der was schnorren wollte? Hellmut hieß er und wär der Prinz.

Dann fängt da vorne son Hegel an zu schallern. Und plötzlich - ich dachte, mich hätt nen Zossen getreten - fängt das Aniem von nebenan doch an, mir mit ihre Feme in der Seite rumzufummeln. Ich denke: Macker, sei muk-

hin - neben das schärfste Mädchen aus dem ganzen Saal!

Ich hatte das Mädchen kaum richtig angesehen, da spricht mich auch schon der Wirt an. Der Kerl von dem Mädchen bestellt gleich eine dicke "Gewerkschaftsbrause". Aber ich dachte: Trink dir erst einmal so ein Kribbelwasser. Wenn du gleich mit Bier und Schnaps beginnst, dann bist du bald betrunken. Und schließlich wollte ich doch etwas sehen - für den Fünfer, den ich gezahlt hatte ...

Zuerst sprach da ein Mann, der war wohl leicht beschränkt und auch ein wenig verrückt. "Büttredner" nannte er sich. Aber dann gab es viel zu sehen: acht sehr gut gebaute Mädchen mit so einem Gruppentanz. "Mannefeld-Ballett", sagte so ein Kerl hinter mir. Tja, und dann kam ein Bauer mit so einem Glitzeranzug, der war wohl auch leicht närrisch: wedelt da vorne mit der Zigarette in der Hand und faselt etwas von "Helau". Ob das so ein Nassauer war, der etwas umsonst haben wollte? Hellmut hieß er, und er sei der Prinz.

Dann fängt da vorne so ein Kerl an zu singen. Und plötzlich - ich dachte, mich tritt ein Pferd - fängt das Mädchen neben mir doch an, mit ihrer Hand an meiner Seite herumzunesteln. Ich denke: Kerl, sei gescheit! Also schiele ich

ker! Also lins ich der Kaline erst mal in den Ausschnitt, dann in die Pupille - da fängt die auch noch an zu schmergeln. Mir wird schon ganz ömmelig, da dibber ich plötzlich, daß der ganze Saal so am scharwenzeln is. "Schunkeln" heißt das, hat mir die Kaline hinterher verkasematuckelt.

Wie gesagt, hinterher bin ich mit dem Aniem doch noch ganz schön auf Tuchfühlung gekommen. War nämlich gar nicht ihr Freier, der dabei war, sondern bloß ihr Alter. Und nach dem zweiten Klammer-Schwoof hatte ich alles klar gemacht: Wir wollten nach Beis latschen und in meiner Junggesellen-Kabache weitermachen. Aber als wir an der Klamottenverwahranstalt stehen - ich freu mich schon auf meine Poofe und das Aniem - und ich ihr so in den Kaftan helfe, da bleibt meine Pupille an ihrem Hals hängen. Und was reun ich da? Dicken Kniest. Die Schickse hatte bestimmt drei Wochen kein Pani mehr gemuckert. Ich hab das Aniem brav nach Beis bugsiert und mir in meiner Stamm-Kneipe noch einen gebechert. Und das war's, was ich dir eigentlich verknickern wollte: Mit dem "sauberen Karneval", von dem du immer an rackawelen bis, da ist nix!

dem Mädchen erst einmal in den Ausschnitt, dann in die Pupille - da fängt die auch noch an zu lächeln. Mir wird schon ganz flau, da merke ich plötzlich, daß der ganze Saal so herumturtelt. "Schunkeln" heißt das, hat mir das Mädchen hinterher erklärt.

Wie gesagt, hinterher bin ich mit dem Mädchen doch noch ganz schön auf Tuchfühlung gekommen. Es war nämlich gar nicht ihr Freund, der dabei war, sondern bloß ihr Vater. Und nach dem zweiten Klammertanz war alles klar: Wir wollten nach Hause gehen und in meiner Junggesellen-bude weitermachen. Aber wie wir so an der Garderobe stehen - ich freue mich schon auf mein Bett und das Mädchen - und ich ihr in den Mantel helfe, da bleibt mein Auge an ihrem Hals hängen. Und was sehe ich da? Dicken Dreck. Die Frau hatte bestimmt drei Wochen kein Wasser mehr gesehen. Ich habe das Mädchen brav nach Hause gebracht und mir in meiner Stammkneipe noch einen getrunken. Und das war es, was ich dir eigentlich klar machen wollte: Mit dem "sauberen Karneval", von dem du immer erzählst, damit ist es nichts!

66. LAUMALOCHER AUF LELLETOUR

Kalli ging auf lelletour, aber er hatte muffe vor der mispel. Er war schon mal im granigen, weil er stikum beim Kaffer kimmel gantis, bes kachelins un lammert jarickes geschort hatte. Beim Verschachern von olf von de gantis hatte der schachani ihn gechappt. Aber weil Kalli ein laumalocher und halbkarötter war und immer hamel roof auf was zu achilen hatte, konnte er das Schoren nicht lassen. Er war ganz chammerich auf bratmatrelen, hatte aber keine matrelen und auch kein tullepenn dafür. Nich ein lowi hatte er inne chatte für mast beim katzow zu bicken, und der schabau inne finne war auch alle. So teilachte er wieder auf lelletour.

Diesmal ging er nich nach Klein-Muffi, sondern nach Kotenbeis, um bei nem Kaffer, der ihn nicht kannte, matrelen zu mangewehlen. Als die Knäbbelanim sie holen ging, divverte er wahrhaftig nen Stück mast auf'm Küchentisch. Er schorte es und verkalliborte es tacko in de chatte von seine plinte. Er hatte nich gemuckert, daß der juchelo unnerm Tisch poofte. Der böschte ihm spee wie kolone anne strotte, makeimte seine plinte kapores und miegte ihn an. Kalli war's ganz mau

Kalli ging auf Diebestour, aber er hatte Angst vor der Polizei. Er war schon einmal im Gefängnis gewesen, weil er beim Bauern heimlich 3 Gänse, 2 Hühner und 30 Eier gestohlen hatte. Beim Verkaufen einer Gans hatte ein Polizist ihn geschnappt. Aber weil Kalli ein Faulpelz und Pleitegeier war und immer großen Hunger auf irgend etwas zu essen hatte, konnte er das Stehlen nicht lassen. Er war ganz verrückt auf Bratkartoffeln, hatte aber keine Kartoffeln und auch kein Fett dazu. Kein bißchen Geld hatte er in der Tasche, um Speck beim Metzger zu kaufen, und der Schnaps in der Flasche war auch zuende gegangen. So ging er wieder auf Diebestour.

Diesmal ging er nicht ins Herz-Jesu-Viertel, sondern nach Kinderhaus, um bei einem Bauern, der ihn nicht kannte, um Kartoffeln zu betteln. Als die Bäuerin sie holen ging, bemerkte er tatsächlich ein Stück Speck auf dem Küchentisch. Er stahl es und versteckte es schnell in seiner Hosentasche. Er hatte nicht bemerkt, daß der Hund unterm Tisch schlief. Der sprang ihm wütend und wie verrückt an den Hals, biß seine Hose kaputt und pinkelte ihn an. Kalli war ganz schlecht von dem

von dem geziroche. - Bei der randale kam die knäbbelanim angepeselt. Aber Kalli hatte massel. Als sie pani inne döppen von Kalli divverte, denn er war am plannigen an, und daß der juchelo ihn so beseibelt hatte, makeimte sie ihm ein killemaro zu achilen und schokolamai zu schickern, dazu schabau inne finne un noch ein kaffermann für die plinte, die ja kapores war. - "Maschemau", muckerte Kalli, is das jofel! Die Alsche is sicher toffelmönisch un peselt hamel inne tiftel!"

Sie hatte nichts von dem geschorenen Mast gemuckert. So schmergelte er sie an un war tacko plete.

Gestank. Auf das Getöse hin kam die Bäuerin angelaufen. Aber Kalli hatte Glück. Als sie die Tränen in Kallis Augen bemerkte - denn er war am Weinen - und sah, daß der Hund ihn so beschmutzt hatte, machte sie ihm ein Butterbrot zu essen und Kaffee zu trinken, dazu gabs eine Flasche Schnaps und einen Zwanziger für die Hose, die ja zerrissen war. "Maschemau", dachte Kalli, "ist das schön. Die Frau ist sicher katholisch und geht oft in die Kirche!"

Sie hatte nichts von dem gestohlenen Speck gemerkt. So lächelte er sie an und war schnell verschwunden.

67. BEZINUM VOM SCHASSÖRKEN

Heini, was mein Seeger was, bewirchte oser hamel lowi für seine maloche. Wir dollar, also Heini, ich und die bes kurante anims, hatten natürlich roof und mußten was zu achilen haben. Jeden Freitag böschten wir nach Schlehbusch, Ecke Ritter-Lorenz-Strehle. Der bikinte tofte Zossenbose. Ein Heiermann für die ganze sore war besolt. War das eine jofle achilerei!

"Maschemau!" rakawelten die annern alschen in unserm beis, "is das besolt und tofte." Sie bickten sonst

Heini, der mein Mann war, bekam nicht viel Geld für seine Arbeit. Wir vier, also Heini, ich und unsere beiden süßen Mädchen, hatten natürlich Hunger und mußten etwas zu essen haben. Jeden Freitag gingen wir nach Schlehbusch, Ecke Ritterstraße/Sonnenstraße. Der verkaufte gutes Pferdefleisch. Ein Fünfer für die ganze Ware war billig. War das ein schönes Essen!

"Maschemau!" riefen die anderen Frauen in unserem Haus, "ist das billig und gut." Sie kauften sonst immer teu-

immer jackes bose und bezinum vom schassörken beim annern katzow.

Nun bickten sie auch Zossenbose bei Schlehbusch, aber ohne Zerche von ihre Seegers, so mucker waren sie wohl. Die hätten sie sicher kapores verkasematuckt.

Die Seegers fanden die Bose tofte. Ihre Alschen hatten hamel jontef, emmes, sie schmergelten sich stikum eins, weil sie ihre Seegers beseibelt und auch noch Moos für sich bewircht hatten.

res Fleisch und Wurst vom Schweinchen bei einem anderen Metzger.

Nun kauften sie auch Pferdefleisch bei Schlehbusch, aber ohne Wissen ihrer Männer, so schlau waren sie wohl. Die hätten sie sicher schwer verhauen.

Die Männer fanden das Fleisch prima. Ihre Frauen hatten viel Spaß, emmes, sie schmunzelten heimlich vor sich hin, weil sie ihre Männer getäuscht und auch noch Geld für sich behalten hatten.

E. Ansprachen

68. HAMEL JONTEFF

In Mokum Münster bescht eine jofele kotene Kabache, dat Beis von die allgemeine Rackewelen-Zerche.

Wennse dahin scherbels, kannse hamel Jonteff bewirchen, kanns Kenne kriegen von wie annere Segerse un Ischen in annere Medienen schmusen, sogar die Rackewele vonne Hopis kannse dir da in'n Schero ballern.

Kanns auch mitte Feld-Forschung malochen, muß aber nich meinen, dat dir dat die Hachos verklickern, von wegen "Feld", lau lone, hier geht dat um verschiedene Touren, über de gleiche Sachen zu schmusen.

Dat macht uns Masematte-Freiern ömmes hamel Laune, weil von sowat hegen wir ne töfte Zerche. Wo sons finste denn inne Rackewele so hamel Wörter für Seger un Ische?

Ja, un wennse keine Kenne von has, wat'n Seger, 'n Hegel, 'n Schautermann, 'n Jölbst, 'n Stacho oder wat'n Anim, ne Choie, ne Ginne, 'n Romni, ne Schabo oder ne Schei is, dann kannse

(In Muffi Münster steht ein hübsches kleines Haus, das Institut für Allgemeine Sprachwissenschaft.

Der Student, der seine Schritte hierher lenkt, wird viel Freude finden, er wird seine Kenntnis von den Sprachen der Welt erweitern können, selbst die Sprache der Hopi-Indianer Nordamerikas wird ihm hier vermittelt.

Hier wird auch die Feldforschung praktiziert, worunter aber keineswegs eine Art von Landwirtschaft zu verstehen ist, vielmehr geht es um die Erforschung von Synonymik und Bedeutungsverwandtschaft.

Dieses Gebiet ist mithin auch für gebürtige Münsteraner von hohem Interesse, denn aufgrund der hier ortsüblichen Sondersprache sind sie mit dem Phänomen multipler Synonymie aufs beste vertraut. Man denke hier etwa an die zahlreichen Varianten und Satellitenwörter für 'Mann' und 'Frau'.

Wer nicht weiß, welches die korrekte Bedeutung z.B. von Seger, Hegel, Schautermann, Jölbst, Stacho oder von Anim, Choie, Ginne, Romni, Schabo oder Schei ist, der dürfte in Münster

in Mokum Münster lau oser mitracke-
welen.

Wo sons, ömmes, hasse kimmel
Wörter für Keilof? Juchelo, dat is der
kotene, Keilof der hamele, und Töle
der tofle schofele, der wat kein' Hieb
Schauwe is.

Oder wo aufe Welt kannse sonst
noch für schoren auch gannefen, klem-
men, lellen, sierften, linken oder tap-
pern schmusen?

Nur in Mokum Münster, un da be-
sonders in'n Beis für Allgemeine Reac-
kewelen-Zerche.

Wenns da reinteilachs, kannse gleich
'n Pott Schocklamai bewirchen, un
wennse Masel hegst, auch'n Pinnchen
Sorrof oder'n paar Luwinen.

Un deshalb kommen die Jölbste und
Kalinen immer gerne bei uns in Beis
reingeschemmt, weil se glauben, dat et
bei uns 'n Belgebier oder sons wat für
lau zu bewirchen gibt, wo se nich so
hamel für beschucken müssen wie inne
Katschemme bein Kower. Ömmes,

gewisse Restriktionen seiner kommu-
nikativen Kompetenz erfahren.

Oder - um ein anderes Beispiel zu
nennen - man betrachte die Synonymik
von 'Hund'. Juchelo ist die Bezeichnung des kleinen Hundes, Keilof die
des großen Hundes, Töle die des alten,
häßlichen, der keinen materiellen Wert
darstellt.

Man vergesse in diesem Zusammen-
hang auch nicht das Wortfeld der
'widerrechtlichen Aneignung'. Hier
stehen nebeneinander schoren, gannefen, klemmen, lellen, sierften, linken
und tappern, jeweils mit einer spezifi-
schen semantischen Differenzierung
vom Leitwort des Feldes.

Diese und andere hochinteressan-
ten Befunde kann man in Münster er-
forschen, und dies besonders am Institut für Allgemeine Sprachwissenschaft.

Nicht hoch genug loben kann man
das Klima in diesem Institut. Jeder
Gast wird mit einem guten (und billi-
gen!) Kaffee bewirtet, bisweilen stehen auch andere Getränke zur Disposi-
tion.

Dies ist sicherlich nur einer der
Gründe dafür, daß Studenten und Studentinnen unser Haus so gern besu-
chen, denn hier wird den finanziellen
Verhältnissen unserer Studenten inso-
weit Rechnung getragen, daß diese
Dinge fast gratis angeboten werden,

Recht hammse!

Un deshalb schuckt heute die Luwi-
ne bloß chess Tack, un'n End Bezin-
num oder ne hamele Macke Poser
(natürlich von'n Gasselmann!) könn-
ter sogar ganz für lau verkasematuk-
keln, weil unser Obermacker seine
Spendierplinte anhatte un weil die
Ischen von unsere Segerse für lau die
Grünachile makeimt ham.

Außerdem hab ich, der Seger vonne
Schocklamai-Kasse, inne letzte Jenni-
kes so hamel Lobi bewircht, dat mir der
Masummes inne Chatte zu chamme-
rich wurde.
Aber wer hier Finnen inne Machul-
le makeimt, der muß seine Malme be-
ribbeln, un wer hier inne Mediene
göbelt, der reunt selber, datter sein'n
Seibel wieder Pleite macht, sonst gibt's
Bambonum, ömmes!

Un wenn hier so'n Seger ne kurante
Ische kneistert, wo er dann ganz cham-
merich auf wird, diesen Seger schmuse
ich hiermit: Lau oser chaumeln, un
keine Nabbelei bei uns in Beis! Roof

jedenfalls nicht zu Preisen wie in der
münsterischen Gastronomie. Man kann
diesen Studierenden nur zustimmen.

Aus diesem Grunde kostet heute das
Glas Bier nur achtzig Pfennige, und die
Viktualien können wir sogar völlig
unentgeltlich zur Verfügung stellen.
Es gibt Brüh- und Bratwürstchen, fer-
ner Koteletts vom Schwein. Dies danken wir dem Institutsdirektor, Herrn
Prof. Dr. Helmut Gipper, und seiner
großzügigen Spende und den Damen
des Hauses, die uns durch Salate unter-
stützt haben.

Auch der Überschuß der sogenannten Kaffeekasse (keine schwarze Kasse - das ist ja nicht statthaft!) ist zu
einem guten Teil in dieses Fest geflos-
sen.

Ein Wort zur Haus- und Festord-
nung: Die versehentliche Zerstörung
von Institutseigentum bitte ich mir
unverzüglich anzuzeigen, damit die
entstandenen Kosten nicht von der
Allgemeinheit getragen werden müssen. Es sollte auch selbstverständlich
sein, daß Verunreinigungen des Hauses oder Parkplatzes nach dem Verur-
sacherprinzip beseitigt werden.

Überflüssig sein sollte eigentlich ein
Hinweis auf die guten Sitten, doch zur
Sicherheit möchte ich noch einmal
sagen: Wenn hier ein junger Mann sein
Herz an eine unserer zahlreichen hin-

holen, ömmes, aber achielt wird in'n Beis!

Wir hegten hier in unsere Allgemeine-Rackewelen-Zerche-Kabache nämmich schomma so'n jofelen Jonteff, da kam dann unser Obermacker reingeteilacht, er machte ein hamel schofeles Ponum un schmuste wat von "Is denn hier 'n Chaumel-Ker ambach?"

Dat heißt nu nich, dat ihr hier More hegen müßt, dat hier so'n Figinenköster durche Mediene teilacht und reunt, wie oft ihr son kurantes Anim 'n Schumm schuckt, aber - wie geschmust - achielt wird in'n Beis!

So, un nu wünsch ich euch hamel Jonteff, toften Roof un Brand, un wer nich pegelschicker nach Beis hin teilacht, is'n Figinenschieber un Laulonemalocher!

Hoch am Himmel schallert's die Lerche: Es lebe die Rackewelen-Zerche!

reißenden Studentinnen verliert, so möchte er doch die Konsequenzen seiner und ihrer Gefühle erst zu Hause ziehen, gemäß dem alten Wahlspruch: Appetit darfst du dir holen, aber gegessen wird zu Hause!

Ich sage dies ausdrücklich, weil es in unserem Hause Präzedenzfälle dieser Art schon gegeben hat. Wer beschreibt das Erstaunen unseres Institutsdirektors, als er bei einer solchen Gelegenheit unvermutet das Institut betrat! Es wird berichtet, daß er höchst unwillig unser Haus mit gewissen Etablissements verglich.

Dies bedeutet nun nicht, daß in dieser Hinsicht heute irgendeine Überwachung stattfände. Aber, wie ich schon weiter oben ausführte, gegessen wird zu Hause.

Nun möchte ich der versammelten Festgesellschaft viel Vergnügen wünschen, sprechen Sie den Getränken und Speisen reichlich zu! Ein altes Sprichwort - mit dem ich mich nicht unbedingt identifizieren möchte - sagt: Halb betrunken ist herausgeworfenes Geld.

Die Lerche tönt es hoch am Himmel, lang lebe mir der Sprachen-Fimmel!)

69. ZIMONSENS INNE FEME

"Ihr Romdis und ihr Hegels, muk-kert doch mal alle her: die alte Ver-einskatschemme bescht für uns nicht mehr. Am olften Montag im Oktober ist ambach ne andere Bendiene, da schik-kern wir beim neuen Kower unseren Sorrof und Luwine. Nehmt die Zimon-sens in die Feme, und teilacht alle her, viel gibt's zu rakewelen in unserem neuen Ker ..."

"Ihr Frauen und Männer, hört doch alle einmal her. Das alte Vereinslokal läuft für uns nicht mehr. Am ersten Montag im Oktober ist dort eine andere Szene, da trinken wir beim neuen Wirt unseren Schnaps und unser Bier. Nehmt die Beine in die Hand, und kommt alle her. Es gibt viel zu bereden in unserem neuen Heim ..."

F. Einladungen

70. SCHUCKERE SCHWOFZOMEN

Kurante Kalinen und muckere Macker!

Uns ist mal wieder nach nem toften Schwoof, ner jovlen Rakawele und ner leckeren Lowine. Deshalb wollen wir am Freitag in Gremmendorf in dem Beis am Paul-Engelhard-Weg 5 ne hamel jovle Fete makeimern. Und weil Ihr alle mit Maloche und andere Makeime viel am Schero habt, bewircht Ihr die Einladung diesmal per Fleppe. Mitzubringen sind jovel Jontef, schuckere Schwofzomen und hamel Brand. Euren Edelzwirn - schwatten Kaftan - könnt Ihr bei Beis lassen. Übrigens: Die Fete steigt, wenn der Osnik acht Uhr schmust!

PS: Anims oder Segers, die in Münster poofen wollen, sollten mir das takko verkasematuckeln - damit ich ne Firche besorgen kann. Ansonsten gehe ich mucker davon aus, daß wir mit allen Schicksen und Schautermännern am 16. Dezember einen schickern können !!!!

Ihr hübschen Mädchen und tollen Kerle!

Uns ist wieder einmal nach schönem Tanz, spaßiger Plauderei und leckerem Bier zumute. Deshalb wollen wir am Freitag in Gremmendorf im Hause Paul-Engelhard-Weg 5 eine ganz tolle Party veranstalten. Und weil ihr alle viel Arbeit und andere Aufgaben am Hals habt, erhaltet ihr die Einladung diesmal per Brief. Mitzubringen sind gute Laune, flotte Tanzbeine und großer Durst. Eure Nobelkleidung - schwarzen Anzug - könnt ihr zu Hause lassen. Übrigens: Die Party beginnt, wenn die Uhr acht zeigt.

PS: Die Mädchen und Jungen, die in Münster übernachten wollen, sollten mir das rechtzeitig mitteilen - damit ich für Betten sorgen kann. Ansonsten gehe ich getrost davon aus, daß wir - Mädchen und Kerle - am 16. Dezember alle einen trinken können!!!!

G. Leserbriefe

71. SEEGER MIT WESTFÄLISCHEM PONUM

Wir hatten hamel einen geschickert, und son paar Freier kippten schon aus ihren Massmeiern, da dibberte ich nen Seger mit nem westfälischen Ponum. Wir schickerten ein paar Lowinen und quasselten über die Lage. Der Schabau war hamel jovel, und der Schautermann nen töfter Kumpel. Er mukkerte, daß ich aus Westfalen war und der Beis von meinen Alten in Münster stand. "Wat, du bis aus Münster?" Ich sagte: "Emmes!" - Da kriegte der Macker hamel Pani inne Döppen, packte mich mit seine Feme anne Kowe und stammelte: "Der hat 'emmes' gesagt! Mensch, das höre ich seit zwanzig Jahren zum erstenmal. Ich bin auch aus Münster."

Wir hatten schwer einen getrunken, und einige Kerle kippten schon aus den Schuhen. Da sah ich einen Mann mit westfälischen Gesichtszügen. Wir tranken ein paar Biere und besprachen die Lage. Der Schnaps war sehr gut, und der Mann ein netter Kerl. Er bemerkte, daß ich aus Westfalen stammte und mein Elternhaus in Münster stand. "Was, du kommst aus Münster?" Ich sagte: "Emmes!" Da trat dem Mann das Wasser in die Augen, er packte mich mit seiner Hand bei der Wäsche und stammelte: "Der hat 'emmes' gesagt! Mensch, das höre ich seit 20 Jahren zum ersten Mal. Ich bin auch aus Münster."

72. KNEIS ODER KNEBBEL

Als peripherer Pluggendorfer rackwelte ich schon als Koten Masematte: wir flemmten in den Anlagen, und manchmal ging die Asse auch in eine Finete. Da mußte Vater schucken. Und heute, als gestandener Familienvater, bewirtschafte ich in Schweden einen

Als Fast-Pluggendorfer sprach ich schon als Kind Masematte. Wir spielten in den Anlagen Fußball, und manchmal flog der Ball auch in eine Fensterscheibe. Dann mußte Vater bezahlen. Und heute, als gestandener Familienvater, bewirtschafte ich in Schweden

Kotten, bin also Kneis oder Knebbel geworden, doch die Nabelschnur ist noch nicht pleete. Meine Kotens, eine Ische und bes Seegers, rackwelen fern von Münster schon ganz tofte Mase. Das ist keine Figiene.

einen Hof, bin also Bauer oder Landwirt geworden. Doch die Nabelschnur ist noch nicht durchtrennt. Meine Kinder, ein Mädchen und zwei Jungen, sprechen weitab von Münster schon ganz gut Masematte. Das ist keine Aufschneiderei.

Und nun, gibt es auch für Emigranten Möglichkeiten, Mitglied zu werden? Ein Heiermann, das ist ja fast für lau. Nur, wie soll ich das Lovi schukken? Auf Malme geht's ja wohl nicht. Oder macht es keinen Lenz und zuviel Maloche, einen Fenti aus dem Ausland aufzunehmen? Muß ich Fleppen einreichen, oder reicht dieser Antrag? Wäre hamel tofte, wenn das masselte!

Und nun, gibt es auch für Emigranten die Möglichkeit, Mitglied zu werden? Ein Fünfer, das ist ja fast geschenkt. Nur, wie soll ich das Geld bezahlen? Anschreiben lassen geht ja wohl nicht. Oder macht es keinen Spaß und zuviel Arbeit, einen "Fenti" aus dem Ausland aufzunehmen? Muß ich Papiere einreichen, oder reicht dieser Antrag? Es wäre sehr schön, wenn das glückte!

73. ZITTERFEME UND STACHO

An Münster seine kotene Zeitung. Zur Feme von den Seeger, der immer über die Kochume Rakawele schreibt: Zitterfeme und Stacho - was meine Schickerkumpels sind - konnten sich nicht einigen, worin der Unterschied zwischen einem "jovelen Kower" und einem "toften Kower" besteht. Vielleicht kannst Du uns das mal schmusen.

Mit freundlichen Grüßen, die Lowinen-Freier von der Aa.

An Münsters kleine Zeitung. Zu Händen des Mannes, der immer über unsere kluge Sprache schreibt. Zitterfeme und Stacho, meine Zechbrüder, konnten sich nicht einigen, worin der Unterschied zwischen einem "jovlen" Wirt und einem "toften" Wirt besteht. Vielleicht kannst du uns das einmal erklären.

Mit freundlichen Grüßen, die Bierfreunde von der Aa.

H. Gästebucheinträge

74. SEEGERS AN SEE

Söjen Kalinen in Carolinensiel und bes jovle seegers an See schanägelten hamel - maschemau - zu viel!

Jontef, Lowinen, sie war'n sich nie spee - die Masminen zwar schlörig, die Firchen o.k.

Sieben Mädchen in Carolinensiel und zwei nette Kerle am Meer arbeiteten sehr- maschemau - zu schwer!

Spaß gab's und Bier, sie waren sich nie bös' - die Schuhe zwar schmutzig, die Betten okay.

I. Bildtexte

75. ZU: ROTDOHLINCHEN

.Der Keilof schmergelte sich einen . . .

76. ZU: DAS MUCKERE KOWEN-MALOCHERCHEN

„... bin ich doch'n toften Seegers!"

77. ZU: ASCHEN-ANIMCHEN

78. ZU: DIE BREMER SCHALLERMÄNNER

79. ZU: ZWEI TOFFTE SEEGERS

**„Fenti, komm rauf, die Achiele
is fertig"**

80. ZU: DALLAS-MISCHPOKE

IV. QUELLENVERZEICHNIS

Die Bezifferung der Quellenangaben bezieht sich auf die Numerierung der Quellen im Textteil.

1.   [Wolfgang Schemann] Wo willste denn hinschemmen? Wertvolle Einblicke in eine uralte Masematte-Handschrift, in: Potthast 1983 - Eine textlich fast identische zweite Version der Rotkäppchen-Übersetzung ist erschienen als: "Rotkäppchen". Altes, neu erzählt ..., in: asinus 5 (1983) Ausgabe Münster 45, S. 10-11 [ohne Verfasserangabe].

2.   Da fielen vom Baum kurante Kowe und ganz muckere Masminen runter. Nur Aschen-Animchens Mauken paßten ömmer in die Masminen, in: Potthast 1986

3.   Er burkte den Käse so lange, bis das Pani nur so ausse Fehme dröppelte. Das muckere Kowen-Malocherchen kriegte am Ende das Land und das Anim dazu, in: Potthast 1985

4.   Der seeger peselte wie meschugge los. Die Bremer Schallermänner machten vier Seegers total kolone, in: Potthast 1984

5.   Die Charlo-Ballade. Ein MZ-Beitrag in Original-Masematte. Von Schautermann/Hermann, in: Münstersche Zeitung 24.2.1979. - Übersetzung zitiert nach: Johann Wolfgang von Goethe. Werke. Hamburger Ausgabe in 14 Bänden. 12., neubearbeitete Auflage, I, München 1982, S. 154-155 (Erlkönig)

6   a. [Manfred Wende], Ballade auf Masematte, in: Westfälische Nachrichten 31.12.1976

b. Die Bürgschaft. Frei nach F.v. Schiller [Typoskript, ohne Verfasserangabe/ Datum, überreicht von Hans-Dieter Klimas]. - Übersetzung zitiert nach: Schillers Werke. Nationalausgabe, II, 1. Gedichte. Herausgegeben von Norbert Oellers, Weimar 1983, S. 250

7. Des Schauters Kindheitsträume ... und das "Jahr der Koterie" - Masematte-Bemerkungen zum Jahr des Kindes, in: Münstersche Zeitung 27.2.1979

8. Hanna Schön, Masematten-Sprache, in: Kunterbunte Poesie, von Hanna van der Velde-Schön, [Münster-Hiltrup 1984], S. 27 (mit Glossar, S. 28)

9. Hanna Schön, Zahlen-Potpourri in Masematte, in: Dichterstrippe Münster. Nachlese. Gedichte und Kurzprosa aus zehn Jahren, herausgegeben von Karin Berenbrinker und Gottfried Schäfers, Greven 1990, S. 164

10. Hanna Schön, Kalli, in: Dichterstrippe Münster. Nachlese. Gedichte und Kurzprosa aus zehn Jahren, herausgegeben von Karin Berenbrinker und Gottfried Schäfers, Greven 1990, S. 164

11. Werner Neuhaus, "Dollar Röllekes ..." [Typoskript, 1989]. - Übersetzung zitiert nach dem Original von Werner Neuhaus

12. Teuto wurde nicht geschort. Hermann vermackelte römische Pallemänner, in: Potthast 1973. - Eine textgleiche Fassung ist erschienen als: Münster - Masematte. Teuto wurde nicht geschort, in: Ruhrnachrichten 3.3.1973

13. Hermann Stetskamp, "Sie kennen sich seit ihrer Kotenzeit ..." [Typoskript, ohne Datum]; leicht differierende zweite Version: "Auf Figine mimen ist tofte". Walter und Hermann - zwei Masematten-Macker beim Film. Schickermoos für die Komparsen / Nerven wie Eisenbahnschienen, in: Westfälische Nachrichten 24.2.1979

14. Ne Leetze für die Vorzimmer-Ischen, in: Westfälische Nachrichten 8.2.1975

15. "Seit Hermann Lulka die Masminen an den Nagel gehängt hat ...", 1976 [Typoskript]

16. [Wolfgang Schemann], 130 000 Steine berappt? Ne, dat geht in mein Schero nich rein! Mit Otto den Friemel-Apparat auße Nähe bekneistert, in: Potthast 1976

17. 'n Trallafitti inne Stadt. Plinte war im Eimer, die Masminen hatten ne Macke, in: Potthast 1978; leicht differierende zweite Version: "Ich wollte mir ne[.] neue Plinte kaufen ...", 1976 [Typoskript]

18. Kriegen ne Packung, daß ihnen das Pani inne Döppen schäumt. Egon mitte nasse Bosse aufn Preußen-Stehplatz, in: Potthast 1977

19. Fente. "'Mize' ist für Fente bald 'mulo' ...", in: MS-Wochenanzeiger 23.11.1979

20. Fente. "Als junger Hegel ...", in: MS-Wochenanzeiger 20.12.1979

21. Fente. "'Dienstags Ruhetag' - Die Karneval-Randale ist pleite ...", in: MS-Wochenanzeiger 28.2.1980

22. Fente. "Fente steckte sich ne Fluppe ins Löv ...", in: MS-Wochenanzeiger 27.3.1980

23. Da war der Venti doch ganz kolone. Masemattiges um ein kurantes Anim ... und um eine Examensarbeit, in: Potthast 1981

24. "Also wir hegen hamel Rochus ...". Statt des Amtsdeutsche[n] wird nun bürgernah geschrieben, in: Potthast 1982

25. Der Seeger mit der schoflen Schmiege. Über die ganze Dallas-Mischpoke, in: Potthast 1984

26. [Wolfgang Schemann], Stoof ums Wuddi-Beis, in: Westfälische Nachrichten 16.2.1985

27. [Wolfgang Schemann], Vor- und Rück-Riem, in: Westfälische Nachrichten 6.6.1987

28. [Wolfgang Schemann], Obst-Kunst, in: Westfälische Nachrichten 6.6.1987

29. [Wolfgang Schemann], "trunk" - ein barocker Blechschaden, in: Westfälische Nachrichten 6.6.1987

30. [Wolfgang Schemann], Panik: Pani anne Tiftel?, in: Westfälische Nachrichten 6.6.1987

31. [Wolfgang Schemann], "Arte povera" mit Pilo, in: Westfälische Nachrichten 6.6.1987

32. [Wolfgang Schemann], Knäbbelanim im Kreisel, in: Westfälische Nachrichten 6.6.1987

33. [Wolfgang Schemann], Inspiriert von Leezen, in: Westfälische Nachrichten 6.6.1987

34. [Wolfgang Schemann], Skulptur - Architektur - Karikatur, in: Westfälische Nachrichten 6.6.1987

35. [Wolfgang Schemann], Schalke auße Muttke mänglowiert. Masematten-Meinung zu Möllemanns rhetorischem Fallrückzieher, in: Westfälische Nachrichten 26.9.1987

36. Für den Nerbeloköster noch lang Lowi fürs Trallafitti. Venti dibberte Kunst mitten auffn Ludgeri-Acker, in: Potthast 1988

37. [Wolfgang Schemann], Wie die Anims den Mackers die Macht schoren wollten. Politick für Masematte-Fans / Twenny in Dussel-Kaff?, in: Westfälische Nachrichten 30.12.1989

38. Ein Tag bei die Kafferusen! [1946] [Typoskript, ohne Verfasserangabe, überreicht von Werner Neuhaus]; Edition des Textes auch in: Zeitschrift für Dialektologie und Linguistik 58 (1991). - Im Archiv der schriftlichen Masematte-Quellen - Projektgruppe Masematte - befinden sich noch zwei weitere, textlich leicht differierende Versionen der Geschichte: Ein Feiertag! (lau Maloche - toft Achile) [1946] [Typoskript, ohne Verfasserangabe, überreicht von Ursula

Grosch]; Ein Tag bei den Kafferhusen [1946] [Typoskript, ohne Verfasserangabe, überreicht von Wolfgang Schemann]

39. "Sie ist schon ein kurantes Anim ..." [Typoskript, ohne Verfasserangabe/ Datum]; leicht differierende zweite Version: Als Anni gasseln ging, hate Heini Pani inne Döppen. Sie war so ein kurantes Anim ... Masematte für Fortgeschrittene / Die Schickerei und die Schwoferei, in: Westfälische Nachrichten 28.2.1976

40. "Der Krankenschein-Mänglowierer ...", 1976 [Typoskript, ohne Verfasserangabe]; leicht differierende zweite Version: Lieber eine Bad-Kur mit Wechsel-Bad: Erst ne Lowine und dann nen Schabau. Nur 'ne Runde plümpsen im Pani-Beis - Da hatte er die Nase voll, in: Potthast 1979

41. [Hermann Stetskamp], Da schmergelt das Löw! Masematikel, erzählt von Schautermann Pölle, 1980 [Typoskript]

42. [Hermann Stetskamp], Bes Schauters im Altersbeis, 1980 [Typoskript]

43. [Hermann Stetskamp], "Bescht nen Seger inne Katschemme ...", 1980 [Typoskript]

44. Werner Neuhaus, "Als morgens der Lorenz durch die Finete divverte ...", 1988 [Typoskript] (im Archiv gesprochener Masematte - Projektgruppe Masematte - auch als Tonbandaufnahme vorhanden)

45. Werner Neuhaus, "Ete seine Alsche schmuste ...", 1988 [Typoskript]

46. Der Gallach war jovel. Zwei Schautermänner hatten hame Massel. Von Hermann I und Hermann II, in: Münstersche Zeitung 22.2.1971

47. Tofte Tippeltour mit Lallizom. Die beiden Schautermänner pinnten wieder Masematte, jiddisch-zinty-gefärbt. Von Hermann I und Hermann II, in: Münstersche Zeitung 28.2.1976 [Teil I]

48. Tofte Tipppeltour mit Lallizom. Die beiden Schautermänner pinnten wieder Masematte, jiddisch-zinty-gefärbt. Von Hermann I und Hermann II, in: Münstersche Zeitung 28.2.1976 [Teil II]

49. Wie einst im alten Babylon. Masematte bei Münsteranern wieder ambach. Von Hermann I und Hermann II, in: Münstersche Zeitung 4.2.1978

50. "Der Seeger mit dem Wedel auffe Birne". Masematte für Karnevalisten / "Verführung" mit Bratkartoffeln, in: Westfälische Nachrichten 19.2.1977

51. Fente. "Weihnachten 1979! Fente seine Kaline hat nen jovlen Kafter ...", in: MS-Wochenanzeiger 4.1.1980

52. Fente. "Ötte, Fentes Kumpel, schmust ...", in: MS-Wochenanzeiger 14.2.1980

53. Zwei toffte Seegers, in: Potthast 1954

54. Hatte Eti einen Rochus auf die Schautermänner? Das gab einen jovlen Rabatz-Schwof im Bais mit Schawelen und tofte Aniehmchen, in: Potthast 1956

55. Weil der Keilow im Hauptbuch radierte. Masematte aus Masche, Klink und Lobbergasse. "Kein Grund zu polizeilichem Einschreiten", in: Potthast 1957

56. Eti wollte pekan-scheften. Sonderbericht von Fenti Jofelmeier für das 7. Semester Massematte, in: Potthast 1958

57. Balachesen verschütt. Auf'n Säbelbais aus die Plinte gerutscht - Eti nannte Fenti "einen linken Seegers!", in: Potthast [1959]

58. Gesiebte Luft für Fittis Fabrikation. Mit's Beschollen kann man die meisten Pennunsen verquättken, meinte Fitti, in: Potthast 1960

59. Ein Masemattical ... Fenti und Jupp hatten Massel. Bald wäre die Bewirche pote gewesen, in: Potthast 1969

60. Steht auf ne Tackoachilekabache. Päule, der alte Schlucker, quasselt mal wieder dusselig, in: Potthast 1969

61. Und Tönne schickert weiter. Muff durch den Dollarknipser bedibbert, in: Potthast 1971

62. Ich geh doch nich auffe Strele, um son Romdi auszubaldowern. Butterblümchen brauchen jetzt mal son richtigen muckeren Macker, in: Potthast 1980

63. Und am liebsten einen mittem Mottek verdellt. Drinnen Tie-Schörts, draußen Figinenköster, in: Potthast 1987. - Eine textlich teilweise stark abweichende Version ist erschienen als: Ein Masemattenfreier schmust aus seinem Studentenleben, in: TVSt. Totales Video Studium. MI 26. April [1989, Examenszeitung Universität Münster, BWL/VWL], S. 37

64. Ömmes: Eida, Oper von Ferdi. Päule hat was zu schmusen, in: Potthast 1972

65. [Wolfgang Schemann], Wenn Du gleich mit Lowinen und Fusel einsteigst ... Ein offener Brief an Ronny Schnitker, in: Potthast 1975. - Auch als Typoskript (Wolfgang Schemann) in leicht abweichender Version vorhanden.

66. Hanna Schön, Kalli ging auf lelletour [Typoskript, ohne Datum; überreicht von Hanna Schön. Vom 18.-28.12.1987 in der Dichterstrippe Münster (Literaturtelefon) gelesen; bisher unveröffentlicht]

67. Hanna Schön, Zossenbose [Typoskript, ohne Datum; überreicht von Hanna Schön. Vom 18.-24.4.1986 in der Dichterstrippe Münster (Literaturtelefon) gelesen; bisher unveröffentlicht]

68. Hartwig Franke, Begrüßungsansprache, gehalten anläßlich des Sommerfestes des Instituts für Allgemeine Sprachwissenschaft am 22.06.1984 [Typoskript]. - Übersetzung zitiert nach dem Original von Hartwig Franke; (freie) Übersetzung des Reimpaars am Schluß vom Herausgeber

69. Dröget Endken. Masematte, in: Westfälische Nachrichten 15.9.1978

70. [Wolfgang Schemann], "Kurante Kalinen ...", 14. 11. 1983 [Typoskript]

71. Peter Klemann, "Wir hatten hamel einen geschikkert ...", in: Westfälische Nachrichten 11.1.1978 [integriert in dem Artikel: "Du bis aus Münster?"]

72. Wendelin Müller-Witte, "Bin Kneis geworden", in: Westfälische Nachrichten 22.2.1978

73. "An Münster seine kotene Zeitung ...", in: Münstersche Zeitung 22.2.1971 [Anhang zu dem Artikel: Der Gallach war jovel]

74. Gästebuch der Meeresbiologischen Station der Universität Münster in Carolinensiel - Friedrichsgroden, S. [49]

75. "... schofler Kailof! ...", in: Potthast 1983 [zu dem Artikel: Wo willste denn hinschemmen?]. Zeichnung von Bruno Bücker

76. "7 mulo makeimt", in: Potthast 1985 [zu dem Artikel: Er burkte den Käse so lange, bis das Pani nur so ausse Fehme dröppelte]. Zeichnung von Bruno Bücker

77. "... schofle Masminen!!", in: Potthast 1986 [zu dem Artikel: Da fielen vom Baum kurante Kowe und ganz muckere Masminen runter]. Zeichnung von Bruno Bücker

78. "Die Boofken machen wir reineweg nerbelo!", in: Potthast 1984 [zu dem Artikel: Der Seeger peselte wie meschugge los]. Zeichnung von Bruno Bücker

79. "Fenti, komm rauf ...", in: Potthast 1954 [zu dem Artikel: Zwei toffte Seegers]

80. "besch mit rein, Kaline ...", in: Potthast 1984 [zu dem Artikel: Der Seeger mit der schoflen Schmiege]. Zeichnung von Bruno Bücker

V. LITERATUR

Die folgende Bibliographie verzeichnet wissenschaftliche Literatur sowie lokale und überregionale Presseberichte zur Masematte. Weiterhin wird auf Schriften mit Textproben in Masematte hingewiesen. Damit liegt erstmals eine systematische und um Vollständigkeit bemühte Bibliographie zur Masematte vor.

Der Stand der Forschungen zur Masematte ist in der Zeitschrift für Dialektologie und Linguistik 58 (1991) dokumentiert: Klaus Siewert, Masematte. Zur Situation einer regionalen Sondersprache. Künftige Aufgaben der Masematte-Forschung sind dort dargelegt. Der Forschungsbericht enthält auch weitergehende Hinweise und Literatur zur Sondersprachenforschung, zu geschichtlichen und sozialhistorischen Hintergründen und zu verwandten Rotwelsch-Dialekten.

Wissenschaftliche Literatur

Wilhelm *Dege*, Über die Speismakeimer-Sprache auf Baustellen in Münster (Westf.), in: Rheinisch-westfälische Zeitschrift für Volkskunde 9 (1962) S. 111-121

Hartwig *Franke*, (Besprechung von: Margret Strunge - Karl Kassenbrock, Masematte), in: Rheinisch-westfälische Zeitschrift für Volkskunde 26/27 (1981/1982) S. 383-385

Klaus *Siewert*, (Besprechung von: Karl Kassenbrock, Emmes, seeger), in: Zeitschrift für Dialektologie und Linguistik 58 (1991) S. 121-122

Klaus *Siewert*, Masematte. Zur Situation einer regionalen Sondersprache, in: Zeitschrift für Dialektologie und Linguistik 58 (1991) S. 44-56

Klaus *Siewert*, Und wenn sie nicht machulle sind ... Textbuch Masematte II, Münster 1992

Margret *Strunge* - Karl *Kassenbrock* , Masematte. Das Leben und die Sprache der Menschen in Münsters vergessenen Vierteln, Münster 1980

Notizen in wissenschaftlicher Literatur

Hartwig *Franke*, Zur inneren und äußeren Differenzierung deutscher Sondersprachen, in: Zeitschrift für Dialektologie und Linguistik 58 (1991) S. 57-62

Hartwig *Franke*, Die sprachlichen Varietäten des Deutschen: Schwierigkeiten einer Klassifikation, in: Klaus D. Dutz (Hg.), Studien zur Klassifikation, Systematik und Terminologie. Theorie und Praxis. Akten der 6. Arbeitstagung des Münsteraner Arbeitskreises für Semiotik, Münster, 25. und 26. September 1984, Münster 1985, Sp. 241-254 [zur Masematte: Sp. 242-244]

Hartwig *Franke* - Kristina *Franke*, Diebstahl oder Raub? Ein Beitrag zu innersprachlichem Feldvergleich, in: Collectanea Philologica. Festschrift für Helmut Gipper zum 65. Geburtstag. Herausgegeben von Günter Heintz und Peter Schmitter, I, Saecvla Spiritalia 14, Baden-Baden 1985, S. 183-202 [zur Masematte: S. 190 f.]

Robert *Jütte*, Abbild und soziale Wirklichkeit des Bettler- und Gaunertums zu Beginn der Neuzeit. Sozial-, mentalitäts- und sprachgeschichtliche Studien zum Liber Vagatorum (1510), Beihefte zum Archiv für Kulturgeschichte 27, Köln - Wien 1988 [zur Masematte: S. 147]

Ruth *Schmidt-Wiegand*, Rotwelsch, in: Handwörterbuch zur deutschen Rechtsgeschichte, IV, 29. Lieferung. Rheinisches Recht - Salvatorische Klausel, Berlin 1988, Sp. 1178-1182 [zur Masematte: Sp. 1180]

Werner *Weinberg,* Die Reste des Jüdischdeutschen, Studia Delitzschiana 12, Stuttgart-Berlin-Köln-Mainz 1969 [zum Wort *masematte*: S. 16, 78]

Uwe *Zirkel*, Varietäten der deutschen Gegenwartssprache. Versuch einer Klassifikation, in: Klaus D. Dutz (Hg.), Studien zur Klassifikation, Systematik und Terminologie. Theorie und Praxis. Akten der 6. Arbeitstagung des Münsteraner Arbeitskreises für Semiotik, Münster, 25. und 26. September 1984, Münster 1985, Sp. 258-282 [zur Masematte: Sp. 264]

Lokale Presseberichte zur Masematte

[Wolfgang *Schemann*], Masematte-Textbuch in Arbeit: Es war einmal ein kurantes Anim ... Projektgruppe plant ein Tonträgerarchiv, in: Westfälische Nachrichten 30.5.1990

Andreas *Weitkamp*, Wenn da einer ma n scharfen keilof hatte, son brastigen juchelo, in: Münstersche Zeitung 24.6.1989

[Wolfgang *Schemann*], Dollar Kotens in eine Firche ... Buch in Masematte, in: Westfälische Nachrichten 13.5.1989

[Wolfgang *Schemann*], Wird auf dem Markt in Togo auf Masematte gefeilscht? Die Projektgruppe sammelte viele interessante Hinweise, in: Westfälische Nachrichten 25./26.2.1989

[Gregor *Bothe*], Masematte für die Nachwelt erhalten. Sprachforscher bitten Original-Sprecher um Mithilfe, in: Münstersche Zeitung 18.11.1988

[Uwe *Gebauer*], Schovel und jovel für die Nachwelt sichern. Forschungsgruppe will Masematte "retten", in: Westfälische Nachrichten 18.11.1988

[Wolfgang *Schemann*], Von Zossen, Zaster und Zigarrenstummeln. Masematte-Test auf dem Mariä-Geburts-Markt / Hamel schicker, in: Westfälische Nachrichten 14.9.1985

[Wolfgang *Schemann*], Dissertation über eine "hame jofele Rakawele". Das Institut für Sprachwissenschaft beschäftigt sich mit Masematte und Sondersprachen, in: Westfälische Nachrichten 1.6.1985

[Bettina *Maoro*], Seminar rund um jovel und hamel. "Masematte": Früher "unfein" - heute schick, in: Westfälische Nachrichten 6.10.1982

[Wolfgang *Schemann*], Masematte bald auch Diplomaten-Sprache? Amerikanische Kongreß-Bibliothek bestellte Buch / Ein 'Sammler' in Cincinnatti / Neuer Band?, in: Westfälische Nachrichten 9.1.1982

K.-D. *M.*, Vom "Gnadendom" zur "Gnadentiftel". Eine absonderliche Entwicklung, in: Unsere Kirche. Kirchenkreis Münster 23.11.1980

Wolfgang *Schemann*, Masematte-Seminar. Frust in Klein-Muffi. 12 Studenten / Jüdisch-deutsche Elemente, in: Westfälische Nachrichten 11.7.1980

[Wolfgang *Schemann*], Ich reune durch die Finete in den Maimel. Ein Buch über die Masematte. Über 100 Anfragen aus der Bundesrepublik, in: Westfälische Nachrichten 1.4.1980

Ein Uniseminar, das hamel Jonteff macht. Linguistische und soziologische Typologie, in: Westfälische Nachrichten 25.3.1980 [Nachdruck, unipress münster]

[Mechthild *Kock*], "Masemattik" - kein neuer Studiengang: Wenn jovel dreimal so töfte wie knorke ist ... Sprachwissenschaftler an der WWU geht einer Münsterschen Sondersprache auf den Grund, unipress münster 20.3.1980

Wolfgang *Schemann*, Anim, Kaline, Töle und Romdi. Eine Examensarbeit über die münsterische "Masematte". 17 Bezeichnungen für die Frau / In vier Stadtteilen verbreitet, in: Westfälische Nachrichten 23.2.1980

Wolfgang *Schemann*, 300 Wörter reichen für einen Experten. Eine Doktorarbeit über die Masematte. Klaus Rohrbach: "Halt nur noch schreiben", in: Westfälische Nachrichten 13.4.1979

[Wolfgang *Schemann*], Wortsammlung von "abnabbeln" bis "Zossen" ... Masematte-Verein sucht (Theater-)Stück / Aufkleber / Nächster Stammtisch am 8.5., in: Westfälische Nachrichten 6.5.1978

[Wolfgang *Schemann*], Münsters "Masematte e.V." macht sich mächtig. Stammtisch am Montag / Zahlreiche Interessenten / 'Es schemmten kimmel Animchen', in: Westfälische Nachrichten 3.12.1977

[Wolfgang *Schemann*], 'Die Seegers, die jovel Masematte rackewelen'. Neuer Verein / Monatlicher Stammtisch, in: Westfälische Nachrichten 7.11.1977

Wolfgang *Schemann*, Des Forschers Leid: »Ich nix verstehn«. Steigendes Interesse an Speismakeimer=Sprache, in: Westfälische Nachrichten 30.6.1977

[Wolfgang *Schemann*], Julius Huber und die »schofle Rackewele«, in: Westfälische Nachrichten 30.6.1977

Wolfgang *Schemann*, Münsters Masematte: Der Stoff, aus dem man Rock-Songs macht. Wortsammlung für Promotionsarbeit, in: Westfälische Nachrichten 19.3.1977

[Wolfgang *Schemann*], Keine Ader mehr für "pani" und "lowi"? Die Pennäler sprechen weniger Masematte, in: Westfälische Nachrichten 31.12.1975

Wolfgang *Schemann*, Da grünt das Grün nochmal so prächtig. Merian: Masematte mit Macken, in: Westfälische Nachrichten 27.9.1974

Überregionale Presseberichte zur Masematte

Hans Dieter *Schwarze*, Münsters Masematte-Menschen, in: Münsterland. Merian 27 (1974) Heft 10, S. 16-17

Salcia *Landmann*, Wie die Münsteraner zu ihrem Rotwelsch kamen, in: Die Welt 10.3.1972

Schriften mit Textproben in Masematte

Karl *Kassenbrock*, Emmes, seeger. Masemattegeschichten mit Federzeichnungen von Ernst Kassenbrock, Osnabrück 1989

Rainer A. *Krewerth*, Jovel, schofel, Apenköster! etc. Münsterländisches Schimpfwörterbuch. Hochdeutsch, Plattdeutsch, Masematte, Münster 1986

Das Lexikon enthält den Wortschatz der Masematte, einer in Münster in Westfalen beheimateten Sondersprache aus dem Kreis der Rotwelsch-Dialekte des Deutschen. Die Sammlung beruht auf Direktbefragungen der letzten echten Masemattesprecher und der Auswertung der schriftlich überlieferten Masemattequellen. Damit liegt erstmals eine solide lexikographische Aufarbeitung dieser Sondersprache vor.

Das Buch will dem allgemeinen Interesse am Wortbestand der Masematte entgegenkommen. Auf manche in der Datenbank des wissenschaftlichen Wörterbuches vorhandenen Informationen (wie zum Beispiel Schreibvarianten, Belegnachweise, Etymologien) kann hier deshalb verzichtet werden.

Außer dem eigentlichen Lexikon enthält das Handwörterbuch einen "Steckbrief Masematte" mit den wichtigsten Informationen zu dieser Sondersprache. Einige Benutzerhinweise und Erläuterungen zum Wortschatz sind dem Lexikon vorangestellt. Ein "Gegenglossar" erlaubt den Zugang zum Masemattewort von der Gemeinsprache her. Literaturhinweise beschließen den Band.

Handwörterbuch der Münsterschen Masematte

Klaus Siewert

Olf, bes, kimmel, dollar, hei ...

Handwörterbuch der Münsterschen Masematte

155 Seiten, br., 1993, ISBN 3-89325-159-6, DM 29,80

Waxmann Verlag GmbH Steinfurter Straße 555 D-4400 Münster

Waxmann Publishing Co. P.O. Box 1318, New York NY 10028, USA

Textbuch Masematte 2

Ich böschte hin,
Ich divverte,
Ich dellte sie machulle.

Caesars Kraftspruch „veni, vidi, vici" auf Masematte: Münsters Sondersprache macht sich mächtig...

Das Textbuch II ist die Fortsetzung der mit dem Band „ES WAR EIN-MAL EIN KURANTES ANIM..." begonnenen Edition und Dokumentation schriftlicher Masematte. Es enthält neue oder bisher unentdeckte Masematte-Texte. Sämtliche Texte sind mit einer Übersetzung versehen und im Quellenverzeichnis nachgewiesen. Eine Bibliographie der neuesten Veröffentlichungen zur Masematte schließt den Band ab.

113 Seiten, br., 1992,
ISBN 3-89325-114-6,
DM 24,90

Waxmann Verlag GmbH
Steinfurter Straße 555
D-4400 Münster

Waxmann Publishing Co.
P.O. Box 1318, New York
NY 10028, USA